암호화폐 넥스트 시나리오

최윤식 지음

암호화폐 넥스트 시나리오

비트코인부터 CBDC,
2세대 암호화폐까지
금융과 투자의 판도를 바꿀
디지털화폐 빅뱅

CRYPTO
CURRENCY
NEXT
SCENARIO

더 **퀘스트**

차례

제3부 완전히 다른 세상이 온다

제4부 최후의 생존 조건

다가오는 미래의
빅 체인지를 그려보자

최근 비트코인의 급락이라는 키워드가 뜨거운 감자로 부상했다. 지금은 일시적인 현상일 뿐 비트코인은 다시 상승세로 돌아설 것이고 결국 10만 달러에 이를 것이라는 사람도 있고, 반면 비트코인의 진짜 가치가 드러났다며 이대로 급락할 것이라는 사람도 있다. 최근 이 현상을 두고 앞으로 어떻게 될 것인지 그 시나리오를 물어오는 사람이 많은데, 그때마다 당장의 암호화폐, 그 너머를 바라봐야 한다고 답한다.

암호화폐의 존속과 가치에 대한 의견은 분분하지만, 모두가 수긍하는 단 하나의 사실이 있다. 바로 상상할 수 있는 모든 부가 디지털화된다는 것. 디지털화폐가 미래 경제와 금융을 움직일 가장 강력한 무기이며, 이제 새로운 부와 패권은 디지털화폐를 이해하고 활용하는 자에게 주어진다는 것이다. 실제로 지금 모든 국가와 기업이 디지털화폐 전쟁에 뛰어들고 있다. 이 책을 손에 든 당신은 지금 암호화폐 시장에서 벌어지는 현상을 힌트로 화폐 및 금융 시장 시스템의 빅 체인지를 그려봐야 한다.

이 책은 기본적으로 비트코인, 이더리움, 도지코인 등 현재 대중의 관심을 끌고 있는 제1세대 암호화폐의 미래를 다룬다. 나아가 앞으로 새롭게 출현할 각종 디지털화폐까지 이야기한다. 현재 암호화폐에서 벌어지는 현상뿐 아니라 시장 투자자들의 심리와 블록체인 기술의 발전 양상 등 다양한 거시 시나리오를 제시해 새로운 관점을 제안할 것이다. 거시 시나리오란 예컨대 연준의 긴축 정책, 미국과 중국 간 패권 전쟁의 연장선에서 일어날 디지털 기축통화 전쟁, 중국 시진핑과 공산당이나 북한 김정은 정권의 전 국민 감시 및 통제 시스템인 빅브러더를 향한 욕망, 현실과 가상의 경계가 완전히 사라지는 제2차 가상혁명기에 떠오르고 있는 메타버스metaverse, 메타버스 세계의 핵심 접속 디바이스이자 주행 플랫폼인 자율주행 자동차와 새로운 메타버스 금융 시스템, 미래의 돈을 지배하는 알고리즘 등이다.

이런 시나리오를 전개할 때 한 가지 한계가 존재할 수밖에 없음을 미리 밝혀둔다. 이 책에서 제1세대 암호화폐들을 모두 다루기는 불가능하다는 점이다. 현재까지 세상에 나온 암호화폐의 개수는 엄청나며, 이 글을 작성하고 있는 순간에도 새로운 암호화폐가 계속 출현하고 있기 때문이다. 그래서 제1세대 암호화폐를 다룰 때는 비트코인을 중심으로 할 예정이다. 이런 접근법에 큰 문제가 없다고 생각하는데, 비트코인이 암호화폐의 대표성을 가지고 있고 이 책에서 전개하는 시나리오들이 특정 암호화폐의 미래나 투자 가치를 다루는 데 목적을 두고 있지 않기 때문이다. 내가 관심을 가지고 있는 부분은 암호화폐라는 새로운 투자상품 또는 대체 화폐의 미래와 앞으로 등장할 디지털화폐의 미래다. 이를 단기적으로는 바이든 시대 4년, 중장기적으로는 20~30년의 미래라는 시간적 범위에서 예측하려고 한다. 공간적으로는 미국, 중국, 유로존, 한국, 북한 등을 포함한 전 세계를 아우를 것이다.

당연하게도, 내가 전개하는 디지털화폐 전쟁의 미래는 예언이 아니다. 현재 수집 가능한 지식과 정보를 기반으로 한 논리적인 생각이고, 확률적인 가설들이다. 예언은 미래를 한 치의 오차도 없이 맞히려는 행위이며, 단 하나의 논리만을 선택한다. 하지만 예측 또는 시나리오는 다양한 가능성을 미리 생각해보는 지적 행위이자 수학적 접근이다. 다시 말해 예언은 신적인 능력을 발휘해서 100%의 확률로 미래를 맞히려는 것이지만, 예측은 인간이 오랜 역사를 통해 축적한 방대한 지식, 실시간으로 쏟아져 나오는 정보를 기반으로 누구나 가지고 있는 다양한 사고의 기술을 통해 미래를 논리적·확률적으로 생각해보는 것이다. 그래서 미래 예측을 '미래에 대한 연구Futures Studies'라고도 부른다. 미래 연구 또는 미래 시나리오는 생각의 확장을 목적으로 한다. 생각의 확장은 '더 나은 미래'를 만들 수 있는 강력한 힘이다. 시나리오를 구성하고 읽는 과정에서 우리는 미래의 위기와 기회를 '먼저' 생각해볼 기회도 얻는다. 그러므로 미래를 먼저 생각해보는 행위도 '더 나은 미래'를 만들 수 있는 강력한 힘이다.

암호화폐에 대해서는 찬반 논쟁도 격렬하고, 굉장히 많은 투자금이 시장에 들어가 있어서 매우 민감한 영역이다. 그래서 사실 시나리오를 발표하는 것이 조심스럽기도 하다. 그럼에도 조금 더 논리적이고 확률적으로 다양한 가능성을 생각해보는 것이 중요하기에, 나의 생각을 나누고자 한다. 단지 이 책에만 의지해서 투자 전략을 구상하는 우를 범하지는 않았으면 한다. 나의 예측과 시나리오를 공개하는 건 당신이 사고와 관점을 확장하는 데 도움이 되고 싶어서다. 자신의 처지와 상황을 따져보고 또 다른 생각을 하는 데 밑바탕으로 삼으면 좋겠다.

암호화폐는 시장에서 거래되는 엄연한 금융 투자 상품이다. 다른 투자 상품들과 동일하게 단기·중기·장기적 미래 등 모든 시점에서 사회·경제·기술 및 산업·글로벌 패권의 변화에 직간접적으로 영향을 받는다. 이런 요소들은 현재의 가격뿐 아니라 미래의 형태 및 생존 방식에도 영향을 받는다. 따라서 암호화폐 투자자라면 이 책이 제시하는 다양한 시나리오를 통해 암호화폐의 미래 또는 암호화폐를 포함한 디지털화폐의 최후 시나리오를 스스로 그려보고 투자 전략을 강구할 수 있을 것이다. 암호화폐가 아니라 디지털 세계의 경제, 그 자체에 관심 있는 독자거나 기업과 정부 관계자라면 현재의 암호화폐부터 미래에 나타날 디지털화폐 및 디지털 금융 시스템은 어떻게 펼쳐질지, 미국, 중국, 유로존 등 선진국 정부와 중앙은행들이 어디로 그리고 어떻게 나아갈지에 관한 논리적이고 확률적인 통찰을 갖추게 될 것이다.

이 책이 나오기까지 많은 분이 수고해주셨다. 먼저 아시아미래인재연구소 연구원들, 사랑하는 부모님과 가족의 지원과 응원에 감사드린다. 무엇보다 이 책을 손에 들고 나의 미래 생각을 들어주는 독자들에게 큰 감사를 드린다. 부디 이 책이 거대한 변화를 시작한 미래 디지털화폐 시장을 통찰하는 데 큰 도움이 되기를 바란다.

'더 나은 미래'를 위해
전문 미래학자 최윤식 박사

CRYPTO
CURRENCY
NEXT
SCENARIO

제1부

비트코인과
암호화폐 시장의 현주소

비트코인,
10만 달러 돌파 가능할까

세간에서 '비트코인 10만 달러 돌파 주장'은 주기적으로 반복된다. 미래학자인 나도 "비트코인은 10만 달러를 돌파할 수 있을까요?"라는 질문을 많이 받는다. 나의 대답은 이렇다.

"확률적으로 가능한 시나리오입니다."

비트코인 10만 달러 돌파가 '확률적으로 충분히 가능한 시나리오'라고 보는 논리적 이유를 설명하려면, 넓게는 암호화폐 시장 전체와 그 안에서 비트코인의 정체성을 점검해봐야 한다. 먼저, 암호화폐 시장은 절대로 사라지지 않는다. 일부에서는 중국이 비트코인을 포함한 암호화폐를 불법으로 규정하자 암호화폐 시장 전체의 몰락을 전망하기도 한다. 나의 예측은 다르다.

중국을 제외한 대부분의 선진국은 비트코인, 이더리움, 도지코인, 스테이블코인 등 각종 암호화폐나 NFT^Non Fungible Token(대체불가토큰) 등의 각종 가상자산 거래 시장을 제도권 안에서 합법화하여 관리·감독하는 쪽으로 방향을 잡았다. 선진국 정부가 이런 선택을 한 이유에는 여러 가지가 있지만, 핵심은 하나다. 불법으로 단죄하기에는 암호화폐 시장과 각종 가상자산 시장에 들어간 투자금이 천문학적이라는 점이다. 즉, 불법으로 규정하여 단죄하기에는 이미 늦었다. 늦었다면, 명확한 규제안을 마련하는 조건으로 합법화하고, 암호화폐 및 각종 가상자산 시장이 제도권 안에서 관리·감독을 받아 성장하게 함으로써 순기능을 확대하는 것이 낫다는 판단이다.

2021년 10월, 미국 정부가 이런 방향으로 나갈 것임을 시장에 알리는 중요한 신호 두 가지가 나왔다. 하나는 미국 증권거래위원회^SEC가 오랜 고민 끝에 시카고상품거래소^CME에서 비트코인 ETF 상품 거래를 허가한 것이다. 다른 하나는 2021년 10월 26일 옐레나 맥윌리엄스^Jelena McWilliams 미국 연방예금보험공사^FDIC 의장의 발언에서 나왔다.[1] 맥윌리엄스 의장은 상업은행이 비트코인이나 스테이블코인을 포함한 각종 디지털 가상자산 사업에 진출하는 데 필요한 세부 절차와 규제 틀을 마련할 것이라고 공식적으로 발언했다. 맥윌리엄스 의장은 미국 금융 당국이 마련할 규제 정책에는 상업은행이 비트코인이나 이더리움 등 암호화폐 및 각종 가상자산을 예치하고, 이를 담보로 대출을 발생시키는 것, 전통적인 자산처럼 기업 자산에 포함하는 것 등의 내용도 담길 가능성이 크다고 설명했다.

　이런 신호들을 종합해보면, 미국을 비롯한 유럽 선진국은 비트코인 등 암호화폐 시장과 각종 가상자산 시장을 송두리째 없앨 생각이 없음을 알 수 있다. 따라서 중국이 암호화폐 시장을 불법으로 규정하더라도 글로벌 시장에서 암호화폐 시장이 사라지는 일은 확률적으로 매우 낮다고 볼 수 있다.

암호화폐 시장의 발전 단계 시나리오

그렇다면 암호화폐 시장에서 비트코인의 위치와 정체성은 어떻게 형성되어 있을까? 이를 살펴보려면, 암호화폐 시장이 앞으로 어떻게 발전해나갈지를 예측해봐야 한다. 나는 암호화폐 시장의 발전 단계를 4개 구간으로 구분한다.

제1기는 비트코인, 이더리움 등 제1세대 암호화폐가 발행되는 단계다.

제2기는 암호화폐가 투자 시장에서 각종 파생상품으로 발전하고, 동시에 암호화폐 규제 움직임이 시작되는 단계다. 암호화폐 거래소 등에 대한 규제는 시작됐지만, 암호화폐 시장 전반적인 규제는 완료되지 않은 시기다. 국제적 합의가 아직 마련되지 않았기 때문에 국가마다 규제의 범위나 강도, 속도와 적용 시기가 다르다. 암호화폐가 투자상품으로 어느 수준까지 운용이 가능하냐에 대한 인식이 완료되지 않았기 때문에 규제도 후행해서 따라갈 수밖에 없다. 규제 과도기 국면이라고 봐도 무방하다. 암호화폐를 기반으로 한 파생상품 개발과 암호화폐 시장 규제 움직임은 암호화폐 시장의 성장과 합법화 기대를 높이기 때문에 신규 암호화폐가 우후죽순으로 쏟아져 나온다. 나는 비트코인을 비롯한 현재의 암호화폐 시장은 제2기 중·후반쯤에 있다고 평가한다.

제3기는 미국과 유럽 주요 선진국 중앙은행에서 CBDC^{Central Bank Digital Currency}(중앙은행권 디지털화폐) 발행을 완료하고, 글로벌 규제 합의안이 마련되는 단계다. 나는 암호화폐 시장의 발전에서 CBDC 발행이 매우 중요한 분기점이 될 것으로 예측한다. 내가 가장 눈여겨보는 국가는 중국, 미국, 유럽, 일본이다. 새로운 법정화폐에 관한 실험이므로 제1 기축통화 국가인 미국(달러), 제2 기축통화 국가인 유럽(유로) 및 일본(엔화)의 움직임이 중요하기 때문이다. 이들 기축통화 국가들이 CBDC를 어떻게 만들고 권한을 어디까지 부여하며, CBDC를 발행한 이후 현재 존재하는 종이돈 법정화폐를 동시에 유지할 것인지 등이 결정되기 때문이다. 이 결정에 따라 중앙은행과 상업은행의 역할도 달라진다. 민간 암호화폐 시장을 어디까지 규제 또는 허용할 것인지에 대해서도 중앙은행이 CBDC의 발행 시점과 활용 범위, 방법을 정해야 최종적으로 확정된다. 현재는 기축통화 국가가 아닌 중국이 가장 앞서서 CBDC 발행과 활용의 길을 개척하고 있다. 중국 정부는 사회주의 체제하에서 정치적 독특성을 기반으로 시장의 저항을 억누르며 암호화폐 시장에 대한 강력한 규제를 빠르고 강제적으로 단행할 힘이 있기 때문이다. 미국, 유럽, 일본 등은 중국 정부의 조치들을 눈여겨보면서 암호화폐 시장 규제에 따른 다양한 시행착오를 학습하여 자국을 비롯한 국제적 규제 합의안을 마련할 가능성이 크다.

제4기는 새로운 글로벌 규제안 아래서 제2세대 암호화폐 발행이 시작되는 단계다. 이 단계에 이르면, 제1세대 암호화폐 중에서는 글로벌 규제를 통과하지 못해 사라지는 것과 통과하더라도 투자 매력이 현저히 감소하여 급격한 가격 하락을 맞는 암호화폐도 생겨날 것이다. 암호화폐가 가상자산 시장에서 명실상부하게 자리를 잡고, 안정적으로 장기간 생존할 수 있는 시기는 이때부터다.

비트코인은
현재 어디쯤 와 있나

암호화폐 시장의 발전 단계 시나리오를 먼저 소개한 이유가 있다. 암호화폐 시장 제2기까지만 하더라도 암호화폐는 그저 변동성이 매우 큰 투자상품일 뿐이다. 역사적으로 변동성이 큰 투자상품들이 걸어왔던 길을 간다고 예측하면 거의 맞다. 시장이 제4기에 진입하기 전까지는 '화폐'라는 단어가 붙어 있더라도 암호화폐는 '진짜 화폐'가 아니다. 그렇기에 각국의 화폐가 상대적 가치에 따라 교환 거래되는 외환 시장에 진입하지 못한다. 물론 제3기를 지나면서 CBDC가 발행되면 암호화폐도 화폐 시장까지는 들어갈 수 있다. 하지만 그 이

전까지는 외환 거래 시장에서 기존 법정화폐들과 동등한 지위를 인정받을 가능성은 거의 없다. 대신, 투자상품으로는 인정받아 투자 시장에서 거래 범위가 확대되기는 할 것이다.

즉, 현재 제1세대 암호화폐는 화폐 시장보다는 투자 시장에서 거래되는 상품에 가깝다. 그 안에서도 고위험 투자자산에 속한다. 고위험이라는 것이 꼭 나쁘다는 의미는 아니다. 고위험 투자상품이란, 매우 공격적이며 변동성이 큰 상품이라는 의미다. 예를 들면, ETF 중에서도 3배수 상품은 1배수보다 고위험 상품이다. 변동성이 3배로 확대되기 때문이다. 그렇지만 3배수 ETF가 사기 상품은 아니다. 투자하면 안 되는 종목도 아니다. 하락 추세에 투자하는 인버스ETF 상품도 고위험 투자자산이다. 그런 의미에서 비트코인이나 이더리움 등 제1세대 암호화폐를 '사기'라고 낙인찍어서 무시할 시점은 지났다. 지금부터는 '초고위험 투자상품'에 가깝다고 평가해야 한다(물론 일부 잡코인은 아직도 사기 단계에 머물러 있다).

한편으로는, 제1세대 암호화폐를 대표하는 비트코인이나 이더리움 등이 '진짜 화폐' 기능을 갖추고 있다고 주장하는 이들도 있다. 실제로 일각에서는 비트코인 등으로 물건을 살 수도 있고, 엘살바도르에서는 법정화폐로 도입한 사례도 있어서 그런 주장에 힘을 실어준다. 그렇지만 내가 '진짜 화폐'라고 평가하지 않는 데에는 몇 가지 이유가 있다.

첫째, 비트코인을 가지고 물건을 사고파는 거래를 한다고 해서

'진짜 화폐'의 반열에 올랐다고 보기는 힘들기 때문이다. 현재로서는 '대체 지급 수단'에 더 가깝다. 현대 사회에는 다양한 지급 수단이 있는데, 현찰(법정화폐)이 '최종 지급 수단'이다. 물건을 판 이후 현찰을 지급받으면, 거래가 최종적으로 종결된다. 더는 다른 지급 수단으로 바꿀 필요가 없다는 뜻이다. 현찰은 아니지만, 물건을 거래하는 데 사용할 수 있는 또 다른 지급 수단들이 있다. 대표적으로 수표, 신용카드, 상품권, 기업어음 등이다. 이런 지급 수단들을 이용해도 물건을 살 수 있다. 실물 시장에서 수표로 상업 거래가 성사되는 이유는 수표를 받은 사람이 훗날 최종 지급 수단인 현찰로 교환받을 권리를 법적으로 보장받기 때문이다. 이처럼 최종 지급 수단인 현찰로 전환받을 권리를 법적으로 보장받는 물리적 형태를 띤 지급 수단들을 '대체 지급 수단'이라고 한다. 비트코인을 포함한 일부 암호화폐로 상품을 구매할 수 있는 것도 대체 지급 수단 기능을 하는 수준이다. 사회적으로 비트코인은 최종 지급 수단인 현찰을 대체하는 지위를 얻지 못했다.

둘째, 대체 지급 수단 중에서도 현찰 보장성이 매우 불안정하기 때문이다. 예를 들어 10만 원짜리 수표를 최종 지급 수단인 현찰로 전환하려고 한다면, 오늘, 내일, 1년 후에도 수표에 찍힌 액면가를 보장받을 수 있다(물론 인플레이션 효과 탓에 시간이 지날수록 액면가에 대응하는 현찰 자체의 가치는 낮아진다). '현찰 교환 비율'에 변동성이 없다는 얘기다. 하지만 암호화폐는 시간에 따라서 현찰 교환 비율이 매우 크게 변동한다. 그것도 상상을 초월할 정도다. 2010년 5월 22일, 미국 플로리다에 사는 라스즐로 핸예츠Laszlo Hanyecz는 당시 약 41달러의 가치가 매겨져 있던 1만 비트코인을 내고 파파존스 피자 2판을 구매했다. 비트코인 역사에서 이날은 '비트코인으로 물건을 구매한 최초의 날'로 기록됐다. 그런데 11년이 넘은 현재, 1비트코인은 6만 달러를 넘었다. 역사상 어떤 투자상품도 보여주지 않았던 어마어마한 변동성이다.

정리하면, 비트코인 등 제1세대 암호화폐는 '화폐 시장'이 아니라 '초고위험 투자 시장'에 속한다. 제1세대 암호화폐는 현찰처럼 최종 지급 수단은 아니고 어음·수표·신용카드·상품권처럼 대체 지급 수단이며, 그중에서도 '디지털 대체 지급 수단'이다. 그리고 시간에 따라 최종 지급 수단인 현찰(법정화폐)로 전환하는 '교환 비율'의 변동성이 매우 커서 거래 안정성이 매우 낮다.

다른 한편으로 생각해보면, 이런 엄청난 변동성을 정체성으로 가지고 있기 때문에 비트코인과 현찰의 교환 비율이 1:10만 달러가 되는 미래도 확률적으로 충분히 가능하다고 볼 수 있다.

비트코인은 어떤 가치를 가지고 있는가

비트코인을 포함한 제1세대 암호화폐의 현찰 교환 비율 변동성이 매우 큰 이유는 무엇일까? 실물 가치는 없고, 미래가치만 가지고 있기 때문이다.

인간이 교환·거래·투자하는 모든 상품은 나름대로 '가치'를 갖는다. 상품이 갖는 가치는 두 가지다. 하나는 실물 가치다. 실물 가치는 현재 그 상품이 갖는 펀더멘털fundamental로, '근본' 가치를 말한다. 기업을 청산했을 때 공장·기계와 같은 현물 자산, 회사의 부동산, 현찰, 영업권·로열티·특허와 같은 무형 자산 등이 여기에 속한다. 이 모든 것은 최종 지급 수단인 현찰로 교환할 수 있다.

다른 하나는 미래가치다. 미래가치는 미래에 상품의 가치가 일정 수준 상승할 것이라는 '기대치'다. 이 가치는 어떻게 만들어질까? 여러 가지 방법이 있겠지만 크게 두 가지로 볼 수 있다. 첫째, 주식을 발행하는 회사가 투자자에게 밝힌 '비전'이다. 회사가 나아가고자 하는 방향, 투자 내용, 환경의 변화 등이 미래 기대가치의 기초를 형성한다.

둘째는 그 '비전'을 믿는 사람들의 네트워크 규모다. 즉, 비전에 동참하는 사람들이 얼마나 되는지를 가리킨다. 네트워크가 클수록 미래 기대감이 커지고, 미래 기대감이 커질수록 가치가 상승한다. 하지만 비전이나 비전에 동참하는 사람들의 네트워크 모두 심리의 영역이다. 하루에도 수백 번 변하는 투자자의 심리에 의존하기 때문에 미래가치는 변동성이 클 수밖에 없다. 미래 기대치는 회사가 망하는 순간 완전히 사라지므로 단 한 푼도 현찰로 전환할 수 없다.

주식을 예로 들어보겠다. 주식 가격에는 청산 가격, 현재 실적, 순이익 등이 펀더멘털 가치로 산정되어 포함된다. 그리고 해당 기업의 비전과 투자 방향, 시장 경쟁력 등을 고려할 때 앞으로 10년 후에 순이익이 현재보다 몇 배로 늘어날 수 있다는 미래 기대치가 현재 가격으로 할인되어 주식 가격에 반영된다. 이처럼 주식 가격에는 "우리 회사가 망하면 공장이나 건물을 팔아서 현금을 회수하면 돼!"라는 실물 안전장치와 "앞으로 더 잘될 거야, 나만 믿어!"라는 미래 기대감이 동시에 들어 있다. 단지 현재가치와 미래가치가 90:10이냐, 50:50이냐 또는 10:90이냐, 1:99냐의 차이가 날 뿐이다. 금, 원자재, 채권 등도 마찬가지다.

하지만 비트코인 같은 제1세대 암호화폐는 미래 기대가치만 갖는다. 현재가치와 미래가치가 0:100이다. "나만 믿어, 잘될 거야!"가 전부다. 비트코인 등 실물에 연결되지 않은 제1세대 암호화폐는 미래가치밖에 없기 때문에 투자자의 '신뢰'가 가격을 결정한다. 인간의 심리에만 연동된 투자상품이기 때문에 인간의 심리가 파도를 치는 데 연동되어 가격도 파도를 칠 수밖에 없다. 그래서 금이나 주식과 전혀 다른 독특하고도 새로운 투자상품이고, 극단적으로는 '사기'라는 주장도 완전히 틀린 말이 아니다.

참고로, 투자자 네트워크 규모를 키우는 가장 핵심적인 방법은 '네트워크 효과network effect'를 이용하는 것이다. 네트워크 효과는 '특정 상품에 대한 수요가 다른 사람들에게 심리적 영향을 주는 효과'를 의미한다. 일정한 사람들이 네트워크를 형성하면 다른 사람의 추가 수요에 영향을 준다는 경제 현상을 설명하는 데 주로 사용된다. 1950년 미국의 하비 라이벤스타인Harvey Leibenstein이 이 이론을 가장 처음 주장했다.[2] 네트워크 효과는 네트워크 외부성이라고도 불리는데 악대차樂隊車 효과와 속물俗物 효과 등 두 가지로 나뉜다.

악대차 효과는 밴드왜건 효과bandwagon effect 또는 편승 효과라고도 불리는데, 소수의 사람이 유행을 만들면 다른 사람들이 그 유행을 따라가는 현상을 말한다. 미국 서부 개척 시대에 악대를 끌고 다니던 마차에서 유래한 것으로, 당시는 풍악대가 떠들고 다니면서 소비 심리를 충동하여 상품을 판매했다. 속물 효과는 악대차 효과와 정반대 현상이다. 다수의 소비자가 구매하는 제품의 소비는 꺼리고, 값이 비싸고 희소성이 있는 상품에 집착하는 사람의 속물적 구매 심리에 붙여진 말이다. 자신은 남과 다르고 고상하다는 것을 드러내고자 하는 것을 것을 가리키며, 백로 효과白鷺效果 또는 스놉 효과snob effect라고도 한다.

실물 자산에 연동되지 못한(펀더멘탈이 없는) 암호화폐끼리의 경쟁은 네트워크 효과를 누가 더 크게 만들 수 있느냐의 싸움으로 귀결된다. 먼저 나올수록 네트워크 효과가 커질 수 있다. 투자자의 심리를 휘어잡는 데 유리하기 때문이다. 비트코인이 암호화폐계의 최강자가 되고, 가장 비싼 이유도 이것이다. 후발 주자는 이더리움처럼 비트코인과는 다른 혁신적인 거래 방식을 만들거나, 도지코인처럼 일론 머스크Elon Musk 같은 투자자의 심리를 한순간에 사로잡을 수 있는 강력한 인플루언서의 홍보와 지지를 받거나, 폰지 금융 수법을 사용해서 투자자를 끌어모을 방안이 있어야만 네트워크 효과를 만들 수 있다.

실물 가치는 없고 기대가치만 있는 제1세대 암호화폐

일부에서는 '비트코인은 실물 가치(펀더멘털)가 없다'라는 평가에 동의하지 않기도 한다. 비트코인도 채굴할 때 전기요금, 노동력, 그래픽 카드 등이 투자되기 때문이라는 주장이다. 하지만 현대 회계에서 이런 것들은 '비용'이지 '자산'이 아니다. 비용이 많이 드는 기업의 주식은 시장에서 오히려 불이익을 받는다. 암호화폐의 근간이 되는 블록체인 기술이 실물 자산이라고 주장할 수도 있지만, 기술적 신뢰도는 무형 자산에 속한다. 게다가 블록체인 기술이 비트코인만의 독점 기술도 아니며, 누구나 사용할 수 있는 공개된 공공 자산에 속한다.

이런 모든 사안을 냉정하게 반영할 때, 비트코인 등 제1세대 암호화폐는 실물에 연동되지 않고 미래 기대치에만 근거해서 만들어진 대체 지급 수단이라는 결론에 다시 한번 도달한다(코인 하나를 1달러로 교환해주는 약속을 내건 스테이블코인은 이번 논의에서 잠시 제쳐두기로 하자). 그렇다고 너무 서운해할 필요는 없다. 이런 형태에서 출발해 공식적으로 인정받은 투자상품으로서 거래가 되고 있는 것만 해도 대단하지 않은가.

비트코인의 가격 예측과 관련해서, 문제는 미래가치 산정이 과거나 지금이나 쉽지 않다는 것이다. 실물 가치(펀더멘털, 현재가치)는 기업의 실물 자산을 확인하고 계산기를 두드리면 비교적 확실하게 산정할 수 있다. 하지만 미래 기대가치는 투자자의 기대 심리에 절대적으로 의존하기 때문에 산정하기가 쉽지 않다. 예를 들어 테슬라처럼 전 세계 투자자들의 기대를 한 몸에 받고 있는 기업의 경우, 주식 가격에서 현재가치가 1이라면, 미래가치가 99를 차지한다. 왜 미래가치에 99를 부여해도 되는지는 근거가 모호하다. 만약 테슬라 경영진에 도덕적 해이 문제가 발생해 미래가치에 대한 투자자들의 심리가 변하면, 미래가치가 10으로 곤두박질칠 수도 있다. 이때도 왜 미래가치가 99에서 10으로 쭈그러들었는지 설명이 불가능하다. 그냥 시장 심리가 그럴 뿐이다.

물론 특정 기업의 미래가치를 계산하는 데에는 다양한 방법이 동원된다. 하지만 가장 중요한 것은 투자자들의 심리다(그래서 주식 투자가 '인기투표'라는 비아냥을 받는 것이다). 이런 원리 때문에 주식 시장에서 현재가치보다 미래가치를 더 크게 인정받는 기업일수록 특정 사건이 발생했을 때 그에 따른 가격 변동성이 더 크다.

비트코인을 포함한 제1세대 암호화폐는 실물 가치는 전혀 없고, 오직 미래 기대가치만 갖는다. 그것도 테슬라를 능가하는 미래 기대치와 투자 심리가 작동되고 있다. 그래서 시간에 따라, 사건에 따라 엄청난 가격 변동성을 보인다. 이런 엄청난 가격 변동성을 태생적으로 가지고 있기 때문에 비트코인 1개가 10만 달러를 돌파하는 시나리오는 언제든지 가능하다. 꼭 기억하라. 비이성적 과열이 시장을 지배하면 이론적으로 '불가능한 가격'은 없다. 참고로, 나는 암호화폐가 펀더멘털 가치(실물 자산 가치)를 갖는 시점은 암호화폐 제3기(CBDC를 발행하는 단계) 또는 제4기(실물 가치를 책정해야 하는 등 새로운 글로벌 규제하에 제2세대 암호화폐를 발행하는 단계)에 이르러서나 가능해질 것으로 예측한다.

물론 '디지털 시대에 펀더멘털 가치가 없다는 것이 대수냐'라는 주장을 할 수 있다. 하지만 투자 시장에서는 그런 말은 한 가지 심각한 위험을 간과한 주장이다. 세계적인 투자자 워런 버핏 같은 가치 투자자들은 '안전마진'을 중요하게 여긴다. 그들이 생각하는 안전마진은 회사의 펀더멘털(청산가치)이다. 회사가 완전히 망해도 안전마진이 바닥 가격이 되어준다. 남아 있는 청산가치를 주주들이 'n분의 1' 해서 일부라도 돌려받을 수가 있기 때문이다. 투자상품에 펀더멘털 가치가 없다는 것은 '대폭락이 발생할 경우 가격이 어디까지 추락할지, 바닥을 알 수 없다'라는 말도 된다. 금이나 원자재 등도 실물에 근거한 투자상품이기에, 대폭락이 발생하면 최소한 바닥이 어디인지는 알 수 있다. 하지만 비트코인이나 이더리움 등 제1세대 암호화폐는 펀더멘털 가치가 없기 때문에 파산 지경에 이르는 대폭락이 발생하면 투자자들이 바닥 가격을 추정할 수 없다. 심리에 전적으로 의존한 가격이기 때문에, 투자자들의 공포가 사라지는 시점이 바닥일 것이라는 논리가 유일한 예측 근거가 될 뿐이다.

10만 달러로 폭등할 수 있다면, 1달러로 폭락할 수도 있다

공포감이 크면 폭락이 크고, 공포감이 적으면 폭락이 적을 것이다. 비트코인 등 제1세대 암호화폐에 투자하는 사람은 다음 사실을 기억해야 한다. 엄청난 가격 변동성을 태생적으로 가지고 있는 비트코인이나 이더리움 등 제1세대 암호화폐는 대폭락이 일어나면 최악의 경우 코인 1개 가격이 10만 달러에서 1달러까지 99.9999% 폭락하는 시나리오도 가능하다는 점이다. 미래 기대가치로 코인 1개에 10만 달러라는 말도 안 되는 가격까지 상승할 수 있다면, 미래 기대가치에 치명적 사건이 발생할 경우 제로나 1달러라는 말도 안 되는 가격까지 하락할 가능성도 충분하다. 오를 때는 환상, 떨어질 때는 공포가 가격을 결정하기 때문이다.

이런 대폭락이 일어나지 않는다고 해도 걱정이 사라지지 않는다. 전적으로 심리에만 의지하는 제1세대 암호화폐는 그 심리가 50년, 100년간 유지될 가능성이 작다. 지금 당장, 내년, 또는 몇 년 동안은 비트코인이 계속 상승할 수 있다는 심리적 확증성을 가질 수는 있다. 하지만 이런 심리적 확증성을 20년, 30년, 50년, 100년 동안 유지하긴 힘들다. 암호화폐 거래 시장은 연예인과 대중의 관계와 비슷하다. 연예인이 대중에게 관심을 받고 조명이 화려하게 비칠 때는 주가가 천정부지로 올라간다. 하지만 어느 날 갑자기 대중이 외면하면 순식간에 무대에서 사라져 간다. 연예인은 그나마 "내가 왕년에는…"이라는 말이라도 할 수 있지만, 암호화폐는 가격이 제로가 된다.

〈그림 1-1〉은 최근 5년 동안 비트코인의 가격 변동 추세를 보여준다. 2015년 7월 31일, 281달러에서 2017년 12월 15일 1만 9,260달러까지 불과 2년 반 만에 68배가 상승했다. 테슬라도 2년 반 동안 이정도 상승 추세를 기록하지 못했다. 테슬라 주식 가격이 100배 상승하는 데에는 7~8년이 걸렸다. 상승폭만 테슬라를 능가한 것이 아니다. 변동폭도 그렇다. 68배 상승하고 약 1년 뒤인 2018년 12월 14일에는 83% 대폭락을 기록했다. 그럼에도 투자자의 장밋빛 환상이 살아 있기 때문에 다시 무섭게 반등했다. 이후 급등과 폭락을 반복하면서 2021년 4월 13일 6만 3,674달러로 최고가를 기록했다. 2015

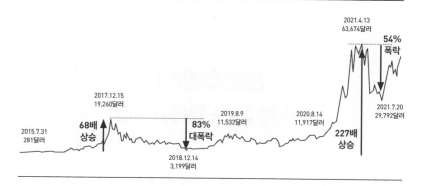

년을 기준으로 할 때 227배 상승이다. 불과 5~6년 만에 일어난 일이다.

비트코인의 역사를 보면, 2012년 이후부터 2021년까지 40% 이상 폭락한 사례가 9~10차례나 된다. 그중 80% 이상 폭락한 경우도 세 차례나 되며, 30% 정도의 하락은 매우 빈번했다. 앞으로도 이 정도 변동성은 반복해서 나타날 수 있다.

암호화폐의
가격 상승 메커니즘

암호화폐 가격의 버블을 만들어내는 핵심 변수를 먼저 들여다보자. 이해하기 쉽도록 주식 시장과 비교해서 설명해보겠다. 주식 시장에서 가격 버블이 생기게 하는 핵심 변수는 네 가지다. 유동성, 펀더멘털, 심리, 착시 효과다. 거꾸로, 이런 네 가지 요인이 갖춰지지 않으면 거대한 버블이 만들어지지 않는다. 앞서 나는 제1세대 암호화폐는 펀더멘털이 없다고 평가했다. 따라서 제1세대 암호화폐 시장에서 가격 버블의 핵심 변수는 유동성, 심리, 착시 효과 등 세 가지로 줄어든다.

유동성

먼저, 유동성이라는 변수를 살펴보자. 개별 주식이든 암호화폐 상품이든, 가격이 부풀어 오르려면 투자 시장으로 돈이 몰려야 한다. 기본 이치다. 돈이 몰리려면, 돈이 많이 풀려야 한다. 돈이 많이 풀리려면 중앙은행이 기준금리를 낮게 유지해주어야 하고, 상업은행에서 대출에 대한 규제가 완화되면서 시장에 돈이 도는 속도(신용 창조 속도)도 빨라져야 한다. 즉, 낮은 이자율과 느슨한 신용 조건이 투자 시장의 유동성 증가를 촉진한다.

이런 원리를 표현한 것이 〈그림 1-2〉로, 유동성(시중 통화량)이라는 변수가 금융 시스템 구조 내에서 작동하는 원리를 보여준다. 중앙은행은 기준금리, 지급준비율, 국공채 매입 정책 등 다양한 통화·신용 정책을 사용해서 시중에 풀리는 돈의 규모와 속도를 조절한다.

결국 유동성이라는 변수 관점에서 본다면, 암호화폐 투자자 입장에서 눈여겨볼 중앙은행의 가장 중요한 정책은 기준금리 조절이 된다. 미국의 중앙은행 역할을 담당하는 연준의 예를 들어보겠다. 미국의 중앙은행이자 세계 금융 시장의 향방에 큰 영향을 미치는 연준의 기준금리 정책과 그에 따른 투자 시장 움직임의 기본 패턴은 간단하다.

미국을 비롯해서 전 세계에 경제가 리세션^recession(침체)에 빠질 조짐이 보이면, 연준은 고용 시장 붕괴와 디플레이션을 막기 위해 선

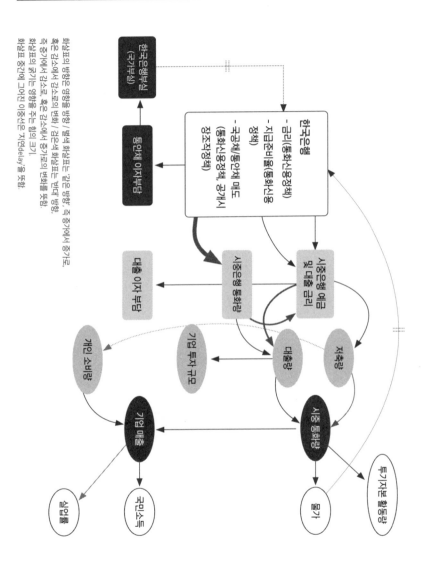

화살표의 방향은 영향을 받아 명세 화살표는 '같은 방향' 즉 증가에서 증가로,
좋은 감소에서 감소의 변화 / 검은색 화살표는 '반대 방향',
즉 증가에서 감소로, 좋은 감소에서 증가로의 변화를 뜻함.
화살표의 굵기는 영향을 주는 함의 크기,
화살표 중간에 그어진 이중선은 지연(delay)을 뜻함.

제적으로 기준금리 인하를 단행한다. 양적완화의 시작이다. 연준의 이런 조치를 투자 시장에서는 경기 대침체를 '확정'하는 부정적 신호로 해석하고 가격 대폭락이 시작된다. 반대로, 연준이 장기간 초저금리 상태를 유지하면서 막대한 유동성을 공급한다는 신호를 보내면 주식 시장은 가격 폭락이 진정되고 상승으로 전환한다. 막대한 돈 풀기로 경기 대침체에서 벗어나면, 연준은 고용과 물가 상승 과열을 막기 위해 선제적으로 기준금리를 인상한다. 긴축의 시작이다. 긴축 초·중반까지는 연준이 돈 풀기를 줄이고 기준금리를 인상하면서 시장 유동성 축소를 단행해도, 투자 시장은 경기 과열에 대한 긍정적 대응으로 인식하고 한동안은 가격 상승이 지속된다.

〈그림 1-3〉은 이런 패턴하에서 미국 나스닥 지수가 어떻게 움직였는지를 정리한 것이다. 참고로, 미래 기대치가 상대적으로 크게 반영되는 기술주 중심으로 구성된 나스닥 지수는 미래 기대치가 상대적으로 적게 반영되는 전통주 중심의 다우 지수보다 상승폭이 크고 변동성도 크다. 〈그림 1-4〉에서 〈그림 1-7〉까지 볼 수 있듯이 기준금리 변화와 주식 시장 추세 변화가 비슷하게 움직이는 것은 미국뿐만 아니라 독일, 일본, 한국 등 대부분의 나라에서 나타나는 현상이다.

암호화폐 가격 상승도 투자 시장 전체에 작용하는 패턴을 기본으로 따라간다. 단, 펀더멘털이 없고, 전적으로 미래 기대치만 가지고 가격이 산정되는 제1세대 암호화폐들은 나스닥 지수보다 상승폭이

● 그림 1-3 기준금리와 주식 시장의 관계: 미국 (나스닥)

■ 미국 기준금리 추이

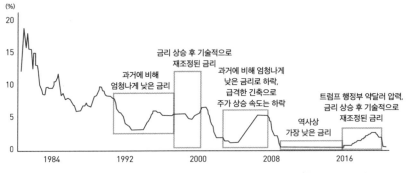

자료: tradingeconomics.com

■ 나스닥 지수 추이

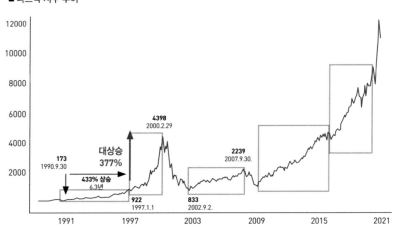

자료: tradingeconomics.com

● 그림 1-4 **기준금리(유동성)와 주식 시장의 관계: 미국(다우 지수)**

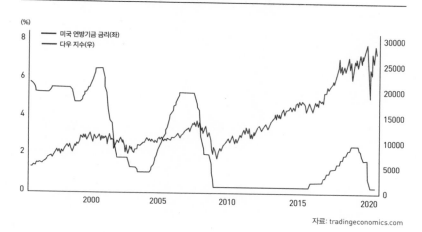

자료: tradingeconomics.com

● 그림 1-5 **기준금리(유동성)와 주식 시장의 관계: 독일(유럽중앙은행)**

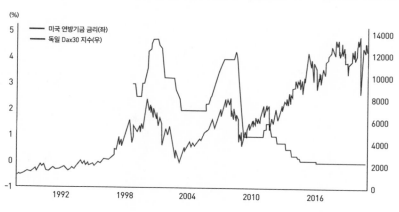

자료: tradingeconomics.com

● 그림 1-6 기준금리(유동성)와 주식 시장의 관계: 일본

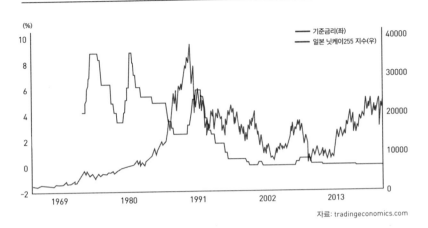

자료: tradingeconomics.com

● 그림 1-7 기준금리(유동성)와 주식 시장의 관계: 한국

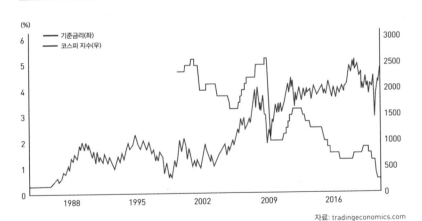

자료: tradingeconomics.com

더 크고 변동성도 크다.

■ 연준의 기준금리 정책 변화에 따른 암호화폐 시장의 움직임

금융 시스템 위기(GDP 대폭락)를 부르는 충격(오일 쇼크, 전쟁, 코로나 19, 채권 시장 붕괴 위기 등의 실물경제 위기 또는 금융경제 위기 발발)

➡ 주식 시장 대폭락, 실업률 상승, 물가 침체 조짐 발생

➡ 연준 기준금리 대폭 인하

➡ 주식 시장, 암호화폐 시장 기술적 반등 ➡ 유동성 증가

➡ 달러 가치 하락 ➡ 체감 물가 상승

➡ 기업 이익 증가 ➡ 경제성장률 증가

➡ 주식 시장, 암호화폐 시장 1차 상승

➡ 지표상 물가 상승^{delay} ➡ 연준 긴축 신호

➡ 주식 시장 조정 ➡ 연준 기준금리 인상 시작

➡ 주식 시장, 암호화폐 시장 2차 상승

중앙은행이 기준금리를 인하하면, 투자 시장에서 유통되는 통화량도 자연스럽게 늘어난다. 〈그림 1-8〉을 보자. 미국 중앙은행이 직접 발행하는 M0이 늘어나는 추세와 미국 다우 지수의 상승 곡선을 비교한 그림이다. 2008년 금융 위기 이후, 미 연준은 오랫동안 제로 금리 및 저금리 정책을 유지했다. 그 기간에 통화량은 꾸준히 증가했다. 통화량 증가는 주식 시장과 암호화폐 시장에 유입되는 유동성

● 그림 1-8 **미국 통화량(M0) 변화와 다우 지수 추이(1975.1~2020.8)**

■ M0 통화량 변화

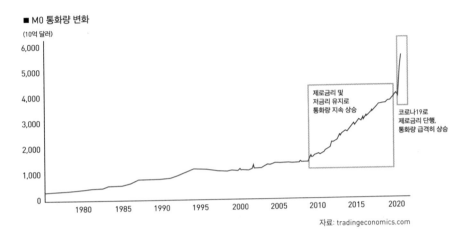

자료: tradingeconomics.com

■ 다우 지수 추이

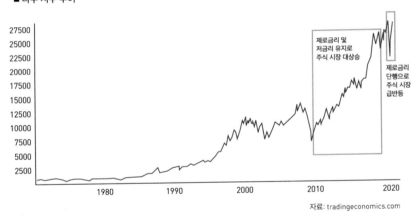

자료: tradingeconomics.com

(통화량)을 증가시켜 장기간 가격 상승 추세를 만들어냈다. 그만큼 버블 규모도 커졌다. 2020년, 코로나19가 전 세계 경제를 일시에 정지

시키는 초유의 사태가 발생하자 미 연준은 기준금리를 제로로 내림과 동시에 3개월 동안 자산 규모를 엄청나게 늘려 시중에 막대한 유동성(통화량)을 공급했다. 당연히, 막대한 유동성 중 상당량이 주식 시장과 암호화폐 시장으로 빨려 들어가면서 역사상 유례가 없는 빠르고 강한 가격 반등에 성공했다. 참고로, 나는 화폐 유통 속도는 주식 시장이나 암호화폐 시장의 가격 상승 속도에 부수적인 영향을 준다고 평가한다. 예를 들어 1900~2010년 미국의 화폐 유통 속도를 보면, 주식 시장의 상승 속도(단기 상승폭)가 유난히 급격했던 대공황 직전과 IT 버블 붕괴 직전에 화폐 유통 속도가 유별나게 빨라졌었다.

펀더멘털

투자상품의 가격이 부풀어 오르게 하는 두 번째 변수는 펀더멘털이다. 주식 시장을 예로 든다면, 기업이 돈을 잘 벌어야 한다. 즉 기업의 매출과 이익률이 좋아야 한다. 만약 중앙은행에 의해 유동성이 엄청나게 풀리는 상황에서 현재 주식 가치가 실제 펀더멘털보다 낮다면, 추가 상승할 여력이 더 많아진다. 〈그림 1-9〉부터 〈그림 1-15〉까지를 보자. 먼저 〈그림 1-9〉는 1950년 이후 미국 기업의 이익 추세와 다우 지수 간의 관계다. 큰 흐름에서는 이 둘이 비슷하게 움직인다. 세부적으로는, 기업 이익의 변화가 다우 지수의 변화에 선행

● 그림 1-9 **1950년 이후 미국 기업 이익 vs. 다우 지수 추이**

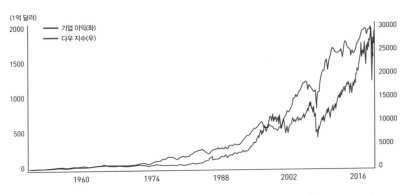

자료: tradingeconomics.com

● 그림 1-10 **1940~1960년 미국 분기별 GDP vs. 다우 지수 추이**

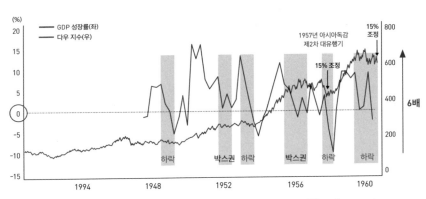

자료: tradingeconomics.com

● 그림 1-11 **1960~1980년 미국 분기별 GDP vs. 다우 지수 추이**

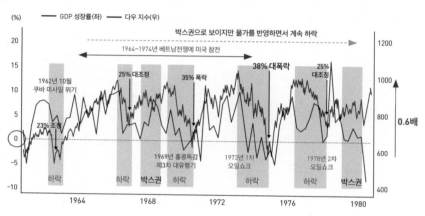

자료: tradingeconomics.com

● 그림 1-12 **1980~1990년 미국 분기별 GDP vs. 다우 지수 추이**

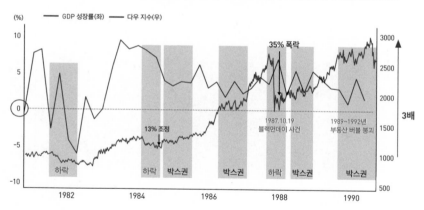

자료: tradingeconomics.com

● 그림 1-13 **1990~2000년 미국 분기별 GDP vs. 다우 지수 추이**

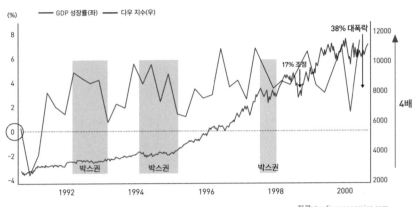

자료: tradingeconomics.com

● 그림 1-14 **2000~2010년 미국 분기별 GDP vs. 다우 지수 추이**

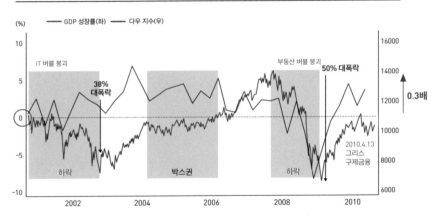

자료: tradingeconomics.com

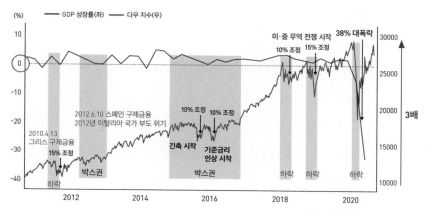

● 그림 1-15 2010~2020년 미국 분기별 GDP vs. 다우 지수 추이

자료: tradingeconomics.com

하는 모양새다. 다만 앞서 언급했듯이, 제1세대 암호화폐는 주식 시장과 다르게 펀더멘털이라는 변수가 작동하지 않는다.

 이런 현상은 일정 시기에만 나타나는 특별한 일이 아니다. 〈그림 1-10〉부터 〈그림 1-15〉는 1940년대부터 현재까지 미국의 경제성장률과 주식 시장 움직임을 비교한 그래프다. 대부분 기간에 걸쳐 둘이 서로 동조화되어 움직였다. 시간 단위나 일 또는 주 단위에서 주가는 마치 술 취한 사람처럼 갈지자로 움직인다. 하지만 지난 100년간을 놓고 보면 월 단위, 분기 단위, 연 단위에서 주식 시장이 경제 상황과 정확하게 일치해서 움직였음을 알 수 있다. 국가나 기업이 돈을 잘 벌면 주식 시장이 상승하고, 그렇지 못하면 하락한다는 기본적 이치를 그대로 따랐다.

　그렇다면, 유동성과 펀더멘털 변수는 주식 가격에 각각 어느 정도 영향을 줄까? 나의 분석에 따르면, 펀더멘털은 주식 시장이 움직이는 방향과 추세에 영향을 주고 유동성은 시기별 상승폭이나 속도에 영향을 준다. 예를 들어 중앙은행이 저금리 기조를 장기간 유지하면, 그렇지 않은 시기보다 유동성 증가 규모가 커지고 유통 속도가 점점 빨라져 국가나 기업의 펀더멘털 수준보다 주식 가치가 더 높게 상승하면서 버블 규모도 커진다. 1990년대 일본 부동산 버블, 2001년 세계적 IT 버블, 2008년 미국 부동산 버블, 현재 주식 시장 버블도 모두 장기간 초저금리에 영향을 받아 거대하게 부풀어 올랐다.

　〈그림 1-16〉을 보자. 미국 제조업 GDP, 1인당 국내총생산과 주식 시장이 어떤 관계를 가지고 있는지를 비교한 그림이다. 크게는 제조업 GDP, 1인당 국내총생산과 주식 시장이 동조된다. 하지만 자세히 살펴보면 2008년 이후부터 2020년까지 펀더멘털(제조업 GDP, 1인당 국내총생산)과 주식 가격 간 격차가 점점 커졌음을 알 수 있다. 나는 그 차이만큼이 화폐 유동성이 만들어낸 버블 분량이라고 추정한다. 2008년 이후 미 연준이 7년 동안 제로금리 정책을 유지하면서 엄청나게 증가한 유동성이 이런 격차를 만들어낸 것이다.

■ 제조업 GDP vs. 주식 시장

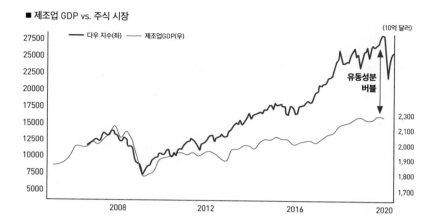

■ 1인당 국내총생산 vs. 주식 시장

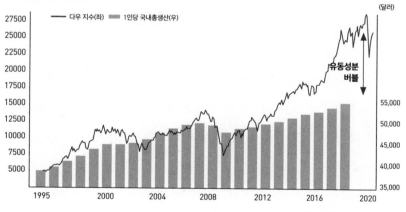

자료: tradingeconomics.com

심리

투자상품의 가격이 부풀어 오르게 하는 세 번째 변수는 심리다. 심리는 인기도, 즉 미래 기대치다. 풀린 돈이 몰려들게 하려면 인기가 있어야 한다. 인기가 있으려면 알려져야 하고, 명분이 있어야 한다. 인기가 있고 명분이 있으려면 기대치(비전)와 호재가 있어야 한다. 예를 들어, 테슬라의 말도 안 되는 주식 가격은 CEO 일론 머스크가 던지는 비전과 그에 대한 신화적 인기도가 만들어낸 심리적 효과다.

이런 심리적 효과가 장기화되면 '기대'가 '믿음'으로 바뀌기도 한다. 비트코인이 여타 제1세대 암호화폐보다 높은 가격을 형성하는 것도 '암호화폐의 미래 비전'을 던진 최초의 상품이기 때문이다. 그리고 시간이 지나면서 이런 비전이 기대를 넘어 믿음으로 바뀌었기 때문이다. 비트코인을 지지하는 투자자의 믿음은 무엇일까? 중앙은행이 무분별하게 돈을 찍어내면서 발생하는 화폐 가치 하락이라는 위험을 피할 수 있는 수단이고, 정부의 개입에서 벗어날 수 있으며, 상업은행이라는 중개인을 거치지 않아도 되고, 미래에 달러를 대체하는 새로운 제1 기축통화가 되리라는 것 등이다.

이런 믿음, 신화 또는 새로운 시대의 도래라는 환상들이 인터넷과 SNS 등을 통해 빠르고 광범위하게 퍼지면서 강력한 네트워크 효과를 발휘해 비트코인 투자 참여자를 늘렸다. 더불어 블록체인이라는 신기술이 가져다주는 미래 환상이 시장을 지배하기 시작하면서 블록체인 신기술을 전면에 내세우는 기업이 주식 상장이나 거래를 통해 큰 자본을 얻을 수 있게 됐다. 이것이 다시 모멘텀 투자자의 관심을 끄는 순환고리를 만들었고, 블록체인 신기술로 포장된 더 많은 암호화폐나 암호화폐 연관 기업의 주식 상장 붐을 자극했다. 시장의 이런 열기가 비트코인 가격의 추가 상승 동력이 됐다.

〈그림 1-17〉은 1980년 이후 미국 다우 지수와 나스닥 지수 상승 추세를 비교해서 보여준다. 박스로 표시한 것처럼 기술주(미래 성장

● 그림 1-17 **1980년 이후 미국의 다우, S&P500, 나스닥 지수 상승률 비교(2020.9.22 기준)**

〰 다우존스 산업평균 지수(.DJI)	27,288.18	+2,802.69%
━ S&P500(.INX)	3,315.57	+2,524.12%
〰 나스닥 종합주가지수(.IXIC)	10,963.64	+5,647.04%

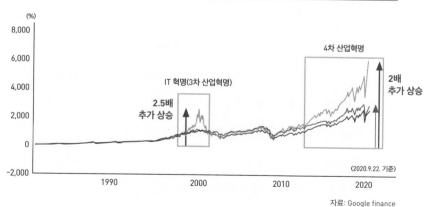

자료: Google finance

주)가 모여 있는 나스닥 지수가 가치주(전통주) 중심인 다우 지수보다 상승률이 2배 이상 높아진 시기는 투자자들의 심리(인기도)가 가장 극대화되는 '기술혁명기'다.

착시 효과

투자상품의 가격이 부풀어 오르게 하는 마지막 변수는 착시 효과다. 암호화폐 가격 상승의 핵심 변수가 심리와 유동성이라면, 착시 효과는 부수적 변수다. 착시 효과는 거의 모든 투자 시장에서 발생한다. 나는 연준이 기준금리를 올리는데도 주식이나 암호화폐 가격이 일정 기간 계속 상승하는 현상을 설명하는 중요한 요인이 착시 효과라는 변수라고 생각한다.

미국 중앙은행 역할을 하는 연준은 미국 또는 세계 경제가 대침체에서 벗어나 회복 단계를 지나 과열 국면으로 넘어갈 조짐을 보이면, 앞으로 일어날 수 있는 과도한 인플레이션을 막기 위해 선제적으로 기준금리 인상을 시작한다. 처음에는 연준의 이런 유동성 축소 조치가 투자 시장에서 일시적으로 가격 하락 요인으로 작동한다. 하지만 투자 시장에서 가격 조정은 오래가지 않는다.

연준이 기준금리를 올리면 시중은행에서 대출 이자율이 높아진다. 이자율은 주식이나 암호화폐의 가치평가 결정에 중요한 요소다.

예를 들어 은행 이자율이 낮아지면 (은행 이자율이나 채권 수익률보다 높은 수익을 찾아가려는 심리가 작동하면서) 위험자산에 속하는 주식이나 암호화폐의 투자 매력이 커진다. 반대로, 이자율이 높아지면 안전자산 (채권 등)의 매력이 커지면서 주식이나 암호화폐 가격이 하락하거나 상승 동력이 약화된다. 그런데 문제가 하나 있다. 착시 효과 때문에 이런 원리가 실제 시장에서는 서서히 반영된다는 것이다. 심지어 중앙은행이 기준금리를 천천히 상승시키는 배려(?)를 해주면 일시적 조정만 받은 후에 주식이나 암호화폐 가격이 한동안은 추가 상승하는 왜곡 현상마저 발생한다.

이자율 상승 부담이 최고조에 달하기 전까지는, 투자 시장 참여자들이 연준의 기준금리 인상 조치를 경기 과열에 대한 긍정적 대응으로 해석하고 반응한다. 심지어 연준이 기준금리를 올려 경제에 악영향을 주는 높은 인플레이션 추세를 다스리고 경기 과열을 막아주면, 기업이나 가계에 오히려 득이 된다고 판단해 기준금리 인상폭을 이길 정도의 성장률을 보일 것이라는 기대감이 더 커진다. 이런 기대감이 시장을 장악하면, 막 오르기 시작한 금리에 대한 부담은 작게 느껴지고 이미 상당히 오른 주식 가격도 그다지 높지 않아 보인다. 추가 상승 여력도 높게 재조정된다. 이런 착시 효과와 기대 심리 지속 현상 때문에 한동안은 주식 시장이 추가 상승을 이어간다.

〈그림 1-18〉은 지금까지 설명한, 주식 가격이 부풀어 오르는 데 영향을 미치는 네 가지 변수(유동성, 펀더멘털, 심리, 착시 효과)를 종합해

핵심은 경제성장률과 주식 시장의 동기화.
인플레이션과 유동성은 주가 흐름에 부가적인 영향을 준다.

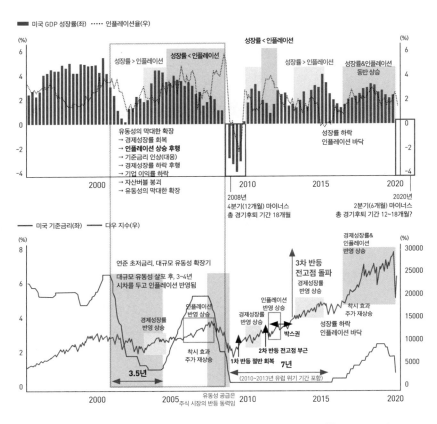

자료: tradingeconomics.com

서 나타낸 것이다. 그래프를 보면 주식 시장의 거시적 움직임, 즉 경제성장률(펀더멘털)과 인플레이션(버블)은 동기화하여 움직이고, 주식 시장의 미시적 움직임, 즉 주식 가격은 실제 성장률이 선반영되고, 버블은 인플레이션율과 같은 지표가 발표된 다음 그 기대치가 후반영되는 측면이 있음을 알 수 있다.

가격 버블을 조장하는 핵심 변수 요약

제1세대 암호화폐의 가격 버블을 만들어내는 핵심 변수는 펀더멘털을 제외한 유동성, 심리, 착시 효과 세 가지다. 그래서 기본적으로 주식 시장과 비슷한 움직임을 보인다. 상승기에는 펀더멘털의 가치가 없다는 약점을 엄청나게 부풀려진 미래 기대가치가 상쇄하고도 남는다. 그 결과, 기술주 중심의 나스닥보다 더 높은 상승률을 보일 수 있다. 심지어 펀더멘털과 미래 기대치가 1:99로 반영되는 테슬라 주식보다 가격 상승폭이 더 크고 빠르다. 하지만 대폭락이 발생하면 펀더멘털이 없고 버블 규모가 가장 크기 때문에, 가장 큰 폭으로 하락한다. 공포 심리가 사라지고 미래 기대 심리가 회복될 때까지 끝없이 하락한다. 그 기간이 길면, 하락폭도 커진다.

〈그림 1-19〉를 보면, 지난 5년간의 비트코인과 지난 50년간의 금 가격이 비교되어 있다. 지난 5년간의 비트코인과 지난 4년간의

● 그림 1-19 비트코인과 금 가격 변동 비교

■ 비트코인 가격 추이

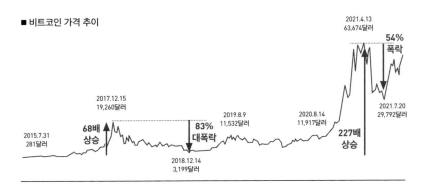

■ 금 가격 추이

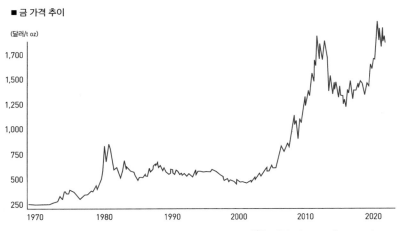

자료: robinhood.com, tradingeconomics.com

'FANG 플러스 ETF' 가격을 비교한 〈그림 1-20〉도 자세히 살펴보라.

비트코인의 가격 움직임은 금이 50년 동안 보여준 움직임을 단 5년 만에 이뤘고, 나스닥 주식 중에서도 미래 기대치가 가장 뜨거운

● 그림 1-20 비트코인과 FANG플러스 ETF 3X의 가격 변동

■ 비트코인의 5년간 가격 변동

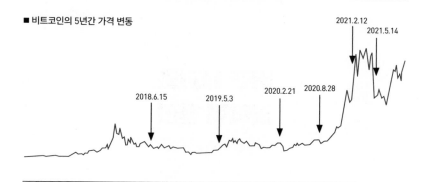

■ FANG플러스 ETF 3X의 4년간 가격 변동

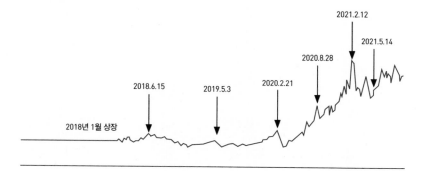

자료: robinhood.com

FANG 지수 움직임과 비슷한 곡선이지만 상승폭은 더 크다. 하지만 하락할 때는 가장 큰 폭으로 하락했다. 즉, 변동성의 폭이 가장 크고, 패턴의 주기가 상대적으로 짧다.

버블 붕괴의
과학적 원리

일단, 각종 투자 시장에서 발생하는 버블은 많이 오르면 붕괴하는 사건이 '반드시' 발생한다는 말은 맞다. 하지만 얼마나 많이 올라야 붕괴하는지는 시대에 따라 다르다. 경험상 버블 크기만으로 붕괴 시점을 예측하는 것은 무리한 시도임을 충분히 확인했다. 버블 붕괴 시점을 완벽하게 예측하는 것도 불가능하다. 버블이 터진 후에야 비로소 알게 된다. 하지만 그렇다고 해서 버블 붕괴가 이치나 패턴도 없이 무작위로 발생한다거나 100% 예측 불가능한 사건이라는 말은 아니다. 정확하지는 않아도, 몇 가지 기준이나 원인이 될 변수들을 알고 있으면 대폭락 시점을 '어림셈' 수준에서 예측해볼 수 있다. 지금부터 대폭락 시점을 예측하는 데 도움이 되는 과학적 원리와 몇 가지 기준을 살펴보자.

거품 붕괴에 대한 새 이론

먼저, 과학적 원리다. 2020년 8월, 국제학술지 〈사이언스〉 표지에 흥미로운 사진 하나가 실렸다.[3] 끈적끈적한 유체 표면 위로 볼록 튀어나온 거품이 터지면서 원을 중심으로 물결무늬가 톱니처럼 나 있는 사진이다. 끈적한 유체가 만들어내는 거품이 터질 때 원을 중심으로 물결무늬가 톱니처럼 일어나는 이유가 무엇일까? 거품 속의 공기가 빠지면서 서서히 내려앉으며 터지기 때문이다.

과거에는 이런 현상이 중력의 영향으로 유체 거품의 구조물이 무너지기 때문에 생긴다고 생각했다. 하지만 미국 보스턴대학교 기계공학부 제임스 버드James Bird 교수 연구팀이 발표한 내용은 기존 가설을 뒤집는 새로운 이론이었다. 이들은 끈적한 유체의 거품 구조물이 서서히 무너지듯 내려앉는 현상은 중력이 아니라 액체의 점성(끈끈한 성질)에 따른 표면장력 때문임을 밝혀냈다. 연구팀은 거품의 막에 작용하는 표면장력은 중력보다 훨씬 크고, 표면장력이 유지될 때는 거품을 옆으로 눕히거나 심지어 거꾸로 뒤집어도 터지지 않는다는 사실 역시 증명했다.

그러면 언제 거품이 터질까? 일반적으로, 거품은 유체 속에 있는 기체가 밖으로 빠져나오는 과정에서 액체 막에 갇혀 불룩한 돔 형태를 만든다. 유체는 표면적을 최대한 줄이려는 힘을 가지고 있는데, 이를 표면장력이라고 한다. 액체 막에 갇혀 있는 기체의 압력이 표면장력을 넘어서지 않으면, 거품은 터지지 않고 계속 부풀어 오르며 유지된다. 하지만 어느 순간 거품 윗부분을 연결하던 액체 막에 '작은 구멍'이 나면 '압력이 떨어지고', 구멍이 넓어지는 속도보다 돔이 꺼져 내리는 속도가 더 빨라지면서 붕괴가 일어난다.

어떤 거품이냐에 따라 붕괴 속도도 다르다. 탄산수의 거품처럼 점도가 낮은 액체는 거품이 붕괴하는 데 수백 분의 1초 내가 걸리고, 점성이 큰 액체 거품은 붕괴하는 속도가 1초까지도 걸린다.

붕괴 후 여파aftereffect도 일어난다. 버블 돔이 무게를 이기지 못하고 무너져 내려앉는 것처럼 밑으로 가라앉으면서 거품 주변에 방사형 물결무늬를 만든다.

시장의 버블 붕괴에도 적용되는 과학적 원리

거품 붕괴의 과학적 원리는 주식 시장의 버블은 물론이고 암호화폐 시장의 버블 붕괴에도 적용할 수 있다.

첫째, 크게 부풀어 올랐다고 해서 저절로 터지는 건 아니다. 유체 버블에 구멍이 나야 터지듯, 암호화폐 시장의 버블에도 구멍을 내는 사건(방아쇠)이 벌어져야 터진다. 예를 들어, 버블에 구멍을 내는 대표적인 사건은 기준금리 부담 압박이 최고조에 달해 금융 시장 참여자들이 유동성 및 자금조달 문제에 직면하는 상황이다.

둘째, 점성에 따라 표면장력이 다르다. 점성이 클수록 버블이 더 오랫동안 크게 부풀어 오르고, 오래 버틴다. 펀더멘털과 미래 기대치의 합을 표면장력이라고 해보자. 암호화폐 시장은 주식, 부동산, 채권, 원자재 등과 표면장력이 다르다. 그래서 버블이 부풀어 오르는 규모나 시간도 다르다. 예를 들어, 부동산 버블은 주식 버블보다 형성 주기가 길다. 부동산 버블이 주식 버블보다 점성이 더 높은 셈이다. 미국을 예로 들면, 1992년 부동산 버블이 붕괴한 이후, 2008년에 또다시 붕괴가 일어날 때까지 대략 20~30년 주기를 보였다. 반면, 주식 시장은 10~12년 주기로 버블의 형성과 붕괴가 반복됐다.

셋째, 점성에 따라 붕괴 속도(기간)가 다르다. 투자 시장도 비슷한데, 예컨대 부동산 버블과 주식 버블은 붕괴 속도가 다르다. 부동산은 버블 붕괴가 시작되어 끝나는 시점까지 짧게는 4~5년, 길게는 10~15년이 걸린다. 2008년 서브프라임 모기지 사태가 터지면서 부동산발 금융 위기가 전 세계를 강타했지만, 미국 내에서 부동산 가격 하락은 이미 2005년부터 시작됐다. 신규 주택 판매와 주택 가격이 2005년부터 하락을 시작해서 2012년 무렵에야 바닥을 찍었다.

● 그림 1-21 미국 부동산 시장 버블 붕괴 기간

■ 신규 주택 판매

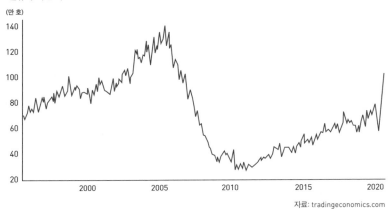

자료: tradingeconomics.com

■ 케이스 실러 주택가격지수

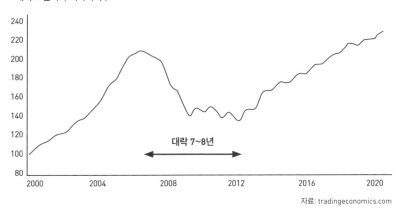

자료: tradingeconomics.com

기간으로 보면 대략 7~8년이었다. 일본의 경우는 1991년 부동산 버블 붕괴가 시작되어 15년 정도 계속 하락했다. 반면, 주식 시장은 붕괴 기간이 짧게는 1~12개월이고, 길게는 대공황이나 IT 버블 붕괴 때처럼 2~3년 정도였다. 적게 부풀어 오를 때는 붕괴하는 속도가 빨랐고, 점성이 높아서 크게 부풀어 오를 때는 붕괴하는 속도도 느리고 오랫동안 지속됐다.

그러면 암호화폐의 붕괴 주기는 어떨까? 〈그림 1-22〉에서 알 수 있듯이, 비트코인이 80% 이상 대대적으로 붕괴한 시기는 2013년,

● 그림 1-22 **비트코인 역대 흐름(최고치 대비)**

세계 최고의 실적 자산 중 하나임에도 비트코인은 엄청난 가격 하락을 겪었다.

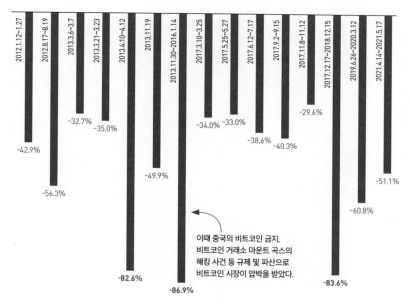

자료: coinmarketcap.com

2016년, 2018년 등 세 번이었다. 2013년에는 3일 만에 82.6% 하락했고, 2016년에는 한 달 반 동안 86.9% 하락했다. 2018년에는 거의 1년간 하락을 거듭하면서 83.6% 폭락했다. 암호화폐 시장에서 80% 이상 붕괴가 반복되는 패턴은 일정하지 않지만, 주식 시장 붕괴 주기보다는 짧다. 주식 시장보다 더 크고 빠르게 버블이 형성된 것이 주요 이유인 듯하다.

마지막으로 유체 버블이 붕괴 후 거품 주변에 방사형 물결무늬 여파를 만들듯이, 자산 시장에서도 버블이 붕괴하면 기업 파산, 채권 시장 불안, 소비 침체, 실업률 증가 등 경제 환경에 다양한 여파를 미친다.

비트코인 가격 대폭락,
아직은 아니다

전적으로 심리에만 의지하는 제1세대 암호화폐 가격이 폭락하려면, 미래 기대가치가 붕괴하는 사건을 만나야 한다. 각국 정부가 중국을 따라 동시에 강력하게 제1세대 암호화폐 규제 또는 불법 선언을 할 가능성은 아직은 크지 않다. 이 가능성을 제외하면, 제1세대 암호화폐의 미래 기대가치 붕괴를 촉발할 수 있는 가장 유력한 사건은 어디에서 발생할까? 이에 대한 통찰을 얻으려면, 앞서 살폈듯이 주식 시장에서 미래 기대가치가 상대적으로 많이 반영되는 나스닥 기술주의 대폭락 사례를 참고해야 한다.

2020년 코로나19로 인한 셧다운(경제 봉쇄)으로 전 세계 주식 시장이 일순간에 폭락했지만, 각국 중앙은행과 정부의 신속하고 강력한 구제책이 쏟아지면서 역사상 가장 빠른 속도와 규모로 반등했다. 특히 코로나19 경제 봉쇄의 최대 수혜를 본 나스닥 기술주의 상승 속도와 규모가 두드러졌다. 그러던 중 최고의 미래 기대가치를 부여받고 있던 테슬라 주가가 단 3일간 19% 하락 조정을 받는 사건이 발생하자 시장 전체가 술렁거렸다. '드디어 나스닥 버블 붕괴가 일어나는 것이 아닌가?' 하는 우려였다.

하지만 나는 긴급 통찰보고서를 통해 당시 하락장을 '버블 붕괴'나 기술주들의 '미래가치 붕괴'가 아니라고 발표했다. 2020년 7월 15일자 통찰보고서에서는 오히려 "나스닥 주가지수가 2000년 닷컴 버블 붕괴 당시의 위험 조건을 갖추는 데까지는 시간이 좀더 필요하다"라고 평가했고, 기술주의 상승이 계속될 것으로 예측했다. 그 이유 중 하나는 나스닥 종합지수의 12개월 선행 주가 수익률은 34.2배로 코로나19 이전 26.3배보다 30% 정도만 상승했고, IT 업종의 12개월 선행 주가 수익률도 25.5배에 불과해 2001년 IT 버블 붕괴 직전 56.8배보다는 낮았기 때문이다.

하지만 내가 나스닥 대폭락 또는 기술주들의 '미래가치 붕괴'가 발생할 시점이 아직은 아니라고 판단한 데에는 다른 이유가 있다. 테슬라처럼 개별 주식이든, 나스닥 지수 전체든 대폭락은 아무 때나 일어나지 않는다. 주식 가격의 대폭락이나 미래 기대치의 붕괴는 금융경제와 주식 시장의 이치와 패턴을 따라 '상당히' 일관되게 발생한다. 펀더멘털 가치가 없이, 100% 투자 심리(미래 기대치)에만 의지하는 제1세대 암호화폐 가격의 대폭락도 마찬가지다. 결론을 이야기하자면, 비트코인을 비롯한 제1세대 암호화폐 가격의 '다음번 붕괴 사건'이 발생하기까지는 아직 더 시간이 필요하다.

CRYPTO
CURRENCY
NEXT
SCENARIO

제2부

막 오른
디지털화폐 전쟁

기술혁명기와
버블

나는 투자자들의 심리(인기도 또는 미래 기대치)가 가장 극대화되는 시점을 '기술혁명기'라고 분석했다. 그래서 이 시점의 투자 시장을 '기술혁명기 버블'이라고 부르기도 한다. 닷컴 버블기 또는 IT 버블기를 제3차 기술혁명기라고 한다면, 현재는 제4차 기술혁명기다. 기술혁명기 버블은 신산업이 형성되는 패턴을 기준으로 크게 2단계로 나뉜다.

〈그림 2-1〉은 내가 분석한 신산업이 형성되는 일반적인 패턴이다. 이를 기준으로 투자 시장에서 일어나는 1차 버블은 신산업 형성 1~2단계에 주로 발생하고, 2차 버블은 신산업 형성 3~5단계에 주

● 그림 2-1 **신산업 형성의 일반적인 패턴**

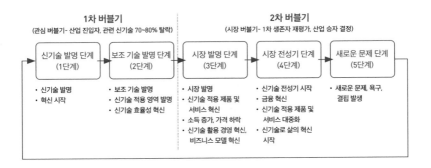

로 발생한다.

1차 버블기는 신산업에 대한 관심과 미래 기대치가 극대화되면서 일어난다. 이 시기에 관련 기업은 매출과 이익이 기존 산업과 비교되지 않을 정도로 적지만, 환상과 비전이 이런 약점을 압도하면서 주식 가격이 폭등한다. 2차 버블기는 신산업이 실제 시장을 만들어 관련 기업의 매출과 이익이 기존 산업을 추월할 때 만들어진다.

예를 들어, 1990년대 중반부터 2000년까지 발생한 닷컴 버블은 인터넷과 컴퓨터 혁명이 만들어낸 제3차 산업혁명의 관심과 미래 기대치가 극대화되면서 일어났다. 현재 대표적인 인터넷 기업인 구글이나 아마존은 2차 버블기의 최대 수혜 기업이다. 내가 평가한 바로는, 현재 우리는 제4차 산업혁명기 초기에 있다. 그중에서도 기업 매출과 이익은 적지만 환상과 비전 덕에 주식 가격이 폭등하는 1차 버블기 2단계쯤이다. 제1세대 암호화폐는 블록체인이라는 신기술을 기반으로 형성된 신산업(또는 새로운 비즈니스 모델)으로, 2단계 후반쯤에 와 있는 것으로 평가한다.

위 패턴을 좀더 자세히 살펴보면서, 암호화폐 시장에서 일어나는 1, 2차 버블기를 예측해보자.

신산업의 다섯 단계

신산업 1단계

신기술이 발명되거나 새로운 혁신이 시작되는 단계다. 이 단계에서는 기존의 제품과 서비스, 비즈니스 모델이 갖고 있는 문제, 욕구, 결핍이 기존의 방식이 아닌 완전히 새로운 관점과 사고, 접근 방식으로 해결의 실마리를 풀어가기 시작한다. 신기술로 패러다임 전환이 시작됐다는 전망이 나오는 시기다. 패러다임을 바꾸는 신기술이나 혁신은 풀리지 않는 난제를 과거와 전혀 다른 방식, 사고를 시도하는 과정에서 발생한다.

1947년 펜실베이니아대학교 전자공학부에 설치된 에니악^{ENIAC}은 방 3개의 규모로 1만 8,000개의 진공관을 가졌고 20분에 한 번씩 고장이 났다. 컴퓨터에 사용된 진공관은 평균 20분 정도가 지나면 필라멘트가 끊어졌다. 그 이후, 기술자들의 노력으로 수천 시간을 사용할 수 있을 정도까지 진공관이 발전했다. 이런 것을 '개선'이라고 한다. 개선은 본질은 바뀌지 않고 효율성, 형상 등만 발전하는 상태다. 패러다임을 바꾸는 기술혁신은 차원이 다르다. 대변혁을 불러오는 획기적 전환, 새로운 길, 도약이다.

1930년 최초 진공관이 발명된 이후, 20여 년 만에 사고의 전환이 이루어졌다. 바로, 진공관을 버리는 것이다. 1948년 벨연구소의 월터 브래튼H.W. Brattain, 윌리엄 쇼클리W. Schockely, 존 바딘John Bardeen은 게르마늄을 이용해서 최초의 트랜지스터를 발명했다. 혁명적 기술 전환이었다. 이후 트랜지스터는 전자공학 분야 전체에 대변혁을 가져왔다. 신기술 하나가 산업 전체의 패러다임을 바꾼 셈이다.

18세기 말 유럽에 전쟁이 빈번해지면서 말馬 가격이 급등하자, 새로운 동력에 대한 욕구가 생겨났다. 1705년, 영국의 토머스 뉴커먼Thomas Newcomen은 16세기부터 시도된 증기기관을 개량해 대기압식 상업용 증기기관을 발명하여 광산에서 석탄을 끌어 올리는 데 사용했다. 동물을 산업 동력으로 사용하던 패러다임을 버리고 기계를 새로운 산업 동력으로 사용하는, 발상의 혁신적 전환이었다. 이 역시 신산업 형성 패턴 1단계에 해당한다.

이런 패턴을 암호화폐에 적용해보자. 암호화폐 산업의 1단계는 블록체인 기술이 개발되고, 이 신기술을 기반으로 달러 등 기존의 법정화폐가 가진 문제에 대한 새로운 대안이라는 명분으로 최초의 암호화폐 비트코인이 출현하는 시기다.

신산업 2단계

이 단계에서는 보조 기술이 발명된다. 신산업 1단계는 기존 기술을 대체할 신기술이 혁신적이라는 평가를 받지만, 본격적으로 시장을 만들고 사람들의 생활에 변화를 줄 만큼 성장하기에는 역부족이다. 보조 기술과 신기술이 적용될 영역이 더 많이 발명되어야 한다. 신산업 2단계에서는 신기술의 효율성이 혁신적으로 증가하고, 신기술을 보조하는 연관 기술들이 발명되며, 신기술을 적용할 수 있는 영역도 생겨난다.

예를 들어, 1769년 제임스 와트James Watt는 토머스 뉴커먼이 발명한 증기기관의 효율성을 3배 높인 증기기관을 발명했다. 1801년, 리처드 트레비식Richard Trevithick은 제임스 와트가 개선한 증기기관을 이용해 영국 웨일스에서 최초로 기관차를 만들었다. 1804년에는 증기기관차가 달릴 수 있는 주철 레일이라는 보조 기술도 발명됐다.

하지만 실용화하기에는 여전히 역부족이었다. 증기기관의 무게가 상당해서 나무에 주철을 덧댄, 강도가 약한 레일을 달리기가 어려웠다. 신기술과 신기술의 적용에 대한 소비자 인식도 낮았다. 그래서 석탄을 화차에 실을 때는 증기기관차가 끌었지만, 승객이 탄 객차는 말이 끌었다. 증기기관차는 광산의 지하갱도에서 석탄을 끌어 올리는 데 사용된다는 인식이 컸기 때문에, 사람이 그 안에 탄다는 것은 우스꽝스러운 일로 여겨졌다. 이런 상황이니 차라리 말로 화물을 운송하는 것이 빠르고 안전하고 경제적이었다. 하지만 신기술을 어디에 적용해야 할지 영감을 주는 시도였다.

트레비식의 증기기관은 한동안 철로를 달리지 못하고 광산으로 옮겨져 고정식 배수장치로만 사용됐는데, 10년이 지난 후 핵심적인 보조 기술이 발전되면서 다시 주목받았다. 1814년, 조지 스티븐슨 George Stephenson이 마차용 선로 위에서 30톤의 화물을 실은 8량의 화차를 끌고 시속 6.5킬로미터로 오르막길을 달릴 수 있는 증기기관차를 발명했다. 증기기관차의 속도도 말보다 빨랐다. 드디어 증기기관차 기술이 마차를 이기는 수준에 올라섬으로써 투자자들의 관심을 한 몸에 받았다. 미래 기대치도 상승했다.

스티븐슨은 증기를 곧바로 내보내는 초기 방식을 버리고 연통을 이용해서 분사하는 새로운 방식으로 발전시켰다. 연통으로 공기를 수직으로 배출하면 화실과 연통 안에 상승 기류가 발생하면서 동력을 2배 이상 늘릴 수 있었다. 또한 실린더와 바퀴를 직접 연결하자, 동력 전달 효율성도 높아졌다.

1825년 9월 27일, 조지 스티븐슨이 설계하고 제작한 새로운 방식의 증기기관차 로코모션 1호가 승객 450명을 태운 26량의 객차, 6량의 화물차, 6량의 석탄차를 끌고 4만 명의 구경꾼들 사이로 첫 기적을 울리며 영국 스톡턴과 달링턴 구간 14킬로미터를 65분 만에 내달렸다. 스티븐슨은 증기기관차를 시장으로 끌어내는 가장 핵심적인 보조 기술도 발명했다. 전보다 더 단단하고 직진성과 평탄성을 갖춘 현대식 철로였다.[4]

이런 패턴을 암호화폐에 적용해보자. 암호화폐 산업의 2단계는 블록체인 기술이 적용되는 영역이 잇따라 출현하고, 이더리움 등 새로운 암호화폐가 속속 출시되며, 암호화폐를 투자상품으로 만들고 거래하는 거래소 기술도 발명된다. 그 외에도 신기술을 어디에 적용해야 할지 영감을 주는 다양한 시도가 이어진다.

신산업 3단계

이 단계에서는 시장이 발명된다. 시장의 발명이란 대중에게 신기술로 만든 제품의 소비 필요성을 인식시키는 것을 가리킨다. 이 단계에서는 신기술이 적용되는 제품과 서비스에서도 혁신이 일어난다. 신기술이 중심이 되는 시장이 만들어지기 위해서는 신기술이 적용된 제품과 서비스의 가격 혁명이 일어나고, 이를 구입하는 소비자의 소득도 증가해야 한다. 기업 영역에서 시장 발명은 신기술을 활용한 경영 혁신 및 비즈니스 모델 혁신으로 이루어진다.

자동차 시장을 예로 들어보겠다. 1908년 10월, 자동차 왕 헨리 포드Henry Ford는 T 모델을 개발했다. 1913년에는 컨베이어 벨트 조립 방식을 혁신하여 차대 제작을 12시간에서 1시간 반으로 줄였다. 하지만 헨리 포드가 T 모델을 성공시킨 결정적 요인은 다른 데 있다. 바로, '시장의 발명'이다.

포드는 생산성 혁신으로 대량생산이 가능해지자 T 모델의 가격을 850달러에서 310달러까지 계속 낮췄다. 가격 혁명이다. 동시에 공장에서 일하는 근로자의 임금도 전격 인상했다. 헨리 포드는 자기 공장에서 일하는 근로자의 소득을 T 모델을 살 수 있을 정도로 인상하면 더 많은 자동차를 팔 수 있을 것이라는 혁신적인 생각을 했다. 헨리 포드는 근로자의 하루 임금을 2.34달러에서 5달러로 인상했다.[5] 1914년 포드 모델 T는 50만 대 이상이 팔리면서 미국 전체 자동차의 반 이상을 장악했다. 이처럼 3단계가 되면 소비자 인식이 획기적으로 개선되면서 초기 시장 규모가 엄청난 속도로 성장한다.

이런 패턴을 암호화폐에 적용해보자. 암호화폐 산업의 3단계는 블록체인 기술이나 암호화폐 기술로 만든 제품이나 서비스의 소비 필요성이 대중화에 이르는 단계다. 암호화폐의 적용 범위가 투자 시장을 넘어 실물경제 곳곳에서 대체 지불 수단으로 사용되어야 한다. 암호화폐나 블록체인 등의 신기술이 적용되는 제품과 서비스에서도 혁신이 일어나야 한다. 기업 영역에서도 암호화폐나 블록체인 신기술을 활용하여 비즈니스 모델 혁신과 경영 혁신 등이 일어나야 한다. 현재 제1세대 암호화폐는 일부 투자자를 중심으로 거래가 이뤄지고 있을 뿐이며, 대체 화폐로서 기능도 매우 제한적이기 때문에 아직 3단계에는 이르지 못했다고 평가할 수 있다. 나의 예측으로는 암호화폐 발전 제3기인 미국과 유럽 주요 선진국 중앙은행에서 CBDC 발행을 완료하고 글로벌 규제 합의안이 마련되는 시점에 이르러야 신산업 3단계에 진입할 듯하다.

신산업 4단계

이 단계에서는 시장이 전성기를 맞이한다. 신기술이 적용된 제품과 서비스가 다양하게 출시된다. 소비자의 구매력에 불을 붙이는 금융 혁신이 제품과 서비스에 연결되면서 판매가 폭발적으로 증가한다. 신기술이 삶에까지 침투하므로, 드디어 삶의 혁신도 시작된다. 신기술이 보편화되면서 상식이 된다.

자동차 산업을 예로 들어보겠다. 1918년에는 미국의 13가구 중에 1가구만 자동차를 소유했다. 하지만 1919년 GM이 GMAC라는 전속 할부금융사를 설립하여 자동차 할부금융 서비스를 제공하자 시장 전성기가 시작됐다. 7년 후에는 미국 자동차 구매자의 75%가 할부금융 서비스를 이용했고, 1929년에는 미국 가정의 80%가 자동차를 소유했다. 1908년 포드의 T 모델 가격은 850달러였다. 1914년에는 490달러, 1921년에는 310달러까지 하락했다.[6] 이제 자동차는 보편적 기술이자 소비 상품이었고, 자동차로 이동하는 것은 일상이 됐다.

이런 패턴을 암호화폐에 적용하자면, 새로운 글로벌 규제안 아래서 제2세대 암호화폐 발행이 보편화되는 암호화폐 발전 제4기가 여기에 해당할 것이다.

신산업 5단계

신기술이 적용된 제품과 서비스로 인한 새로운 문제, 욕구, 결핍이 발생하는 단계다. 시장은 성숙기에 들어간다. 새로운 문제, 욕구,

결핍으로 제품과 서비스에 대한 불만이 고조되면서 시장이 쇠퇴기에 진입한다. 5단계 후반기가 되면 새로운 문제, 욕구, 결핍을 해결하기 위한 새로운 기술이 발명되거나 혁신이 일어나면서 1단계로 다시 진입한다. 그리고 2~5단계가 순환된다.

두 차례의 버블기

1차 버블기

신산업 패턴의 1~2단계에 투자 시장에서는 신기술 1차 버블기가 형성된다. 신기술이 만들어낼 미래에 대한 기대가 만발하고 믿음, 신화, 새로운 시대의 도래라는 환상이 투자 시장을 장악하면서 관련 주가가 폭등한다. 하지만 신기술이 시장 전성기로 이어지는 데까지는 아직 시간이 더 필요하다. 신기술만으로는 불편함도 많다. 단순히 신기술이라는 가면만 쓰고 주식 가치를 높이는 사례도 속출한다.

시간이 지나면서 투자자들이 이런 현실을 서서히 깨달아감과 함께 미래 기대감이 수그러들고, 심지어 회의론까지 시장에 몰아친다. 엄청난 버블을 형성했던 유동성 확대가 일시적으로 멈추면 버블이 꺼진다. 버블이 붕괴하면, 1차 버블기를 주도했던 신기술이 외면당하고 기업의 파산이 늘어난다. 버블이 붕괴된 이후에는 1차 버블기를 주도했던 기업이나 관련 신기술 70~80% 이상이 연기처럼 사라진다. 암호화폐도 비슷한 과정을 거칠 가능성이 크다.

2차 버블기

2차 버블기는 신산업 3~4단계에 형성된다. 1차와 다른 점은 시장이 만들어지면서 형성되는 버블기라는 점이다. 1차 버블 붕괴를 거치며 살아남은 기업과 1차 버블기의 시행착오를 개선하여 새롭게 등장한 기업과 기술들이 2차 버블기를 주도한다. 신기술을 적용한 제품과 서비스가 기존 시장을 대체하면서 매출과 이윤이 높아져 투자자들의 관심도 다시 고조된다. 미래 산업의 승자도 결정된다. 특히 신산업 영역에서 1등 기업은 나머지 기업들의 주가보다 20~40배 높은 상승률을 보이기도 한다.

나는 이것을 '시장 버블기'라고 부른다. 암호화폐 발전 4단계에 등장하는 제2세대 암호화폐 또는 디지털화폐들이 활발하게 거래되는 시점이 이 시기가 될 가능성이 크다. 신산업 5단계가 되면, 2차 버블기도 정점에 달하고 신산업이 쇠퇴기로 접어든다. 투자 자금은 새로운 투자처로 신기술을 찾아 떠난다. 참고로, 나는 이렇게 신산업 5단계 패턴에서 만들어지는 두 번의 기술 버블기를 '쌍봉낙타 버블기 형성 이론'이라고 부른다.

미래 디지털화폐 대전이 시작됐다

암호화폐 발전 과정에서 일어나는 또 다른 거대 사건이 있다. '미래 디지털화폐 대전'이다. 세상은 지금 비트코인, 이더리움 등 제1세대 암호화폐에만 관심이 쏠려 있다. 하지만 당신이 모르는 사이에 미래 디지털화폐 시장의 주도권을 두고 벌이는 더 큰 전쟁도 시작되고 있다. 내가 말하는 '미래 디지털화폐'는 비트코인이나 이더리움 등 제1세대 암호화폐보다 더 큰 개념이다.

미래 디지털화폐 대전에는 비트코인 등 제1세대 암호화폐는 물론이고, 신용카드나 현금충전카드 등의 기존 전자화폐, 게임 머니나

도토리 등 기존 가상화폐처럼 이미 '0'과 '1'로 디지털화된 현금성 대체 화폐들이 블록체인 기술을 장착하고 참전한다. 머지않은 미래에 기업이 블록체인 기술을 적용해서 발행하는 (기존 채권과 구별되는) 새로운 디지털 채권도 미래 디지털화폐 전쟁에 끼어들게 될 것이다. 현재 기업에서 자체적으로 발행하는 상품권, 마일리지, 캐시백 등의 대체 화폐들도 대부분 디지털화폐로 전환되어 새롭게 발행될 것이다.

여기에 각국 정부가 발행하는 CBDC와 기업들이 현금과 1:1로 전환하는 삼성페이, 스타벅스페이, 네이버페이, 카카오페이 등도 미래 디지털화폐군에 포함될 것이다. 메타(구 페이스북)가 최초에 제안했던 여러 가지 통화를 섞어서 만드는 스테이블코인, 달러 등 기존 법정화폐나 금·은 등 원자재와 '1:1' 또는 '1:일정한 무게'로 고정 태환되는 스테이블코인들도 등장하여 미래 디지털화폐군에 포함될 것이다. 심지어 특정 메타버스에서 사용되는 가상화폐들, 유명 인플루언서가 블록체인 기술을 기반으로 개인적으로 발행하는 암호화폐도 출현하여 미래 디지털화폐 전쟁에 뛰어들 수도 있다.

이런 미래 디지털화폐는 거래 방식도 달라진다. 발행 국가를 벗어나 전 세계 모든 시장에서 거래와 투자가 가능해진다. 각기 다른 법정화폐들이 외환 시장에서 거래되는 것처럼, 각기 다른 새로운 글로벌 디지털화폐들의 거래와 투자가 동시에 가능한 새로운 외환 거래 및 외환 투자 시장도 출현할 것이다. 먼 미래에는 이런 새로운 외환 거래 및 투자 시장이 메타버스 안에 개설될 수도 있다. 이런 미래가 현실이 되어가는 과정에서, 지금과 전혀 다른 금융 시스템이 탄생할 수도 있다. 지금 우리는 이처럼 엄청난 디지털화폐 대전이 막을 올린 시점에 와 있다.

디지털화폐 전쟁의 판도를 좌우하는 다섯 가지 힘

미래 디지털화폐 전쟁의 판도에 광범위하게 영향을 미칠 다섯 가지 힘도 이미 작동하기 시작했다. 당연하게도, 비트코인이나 이더리움, 도지코인 등 제1세대 암호화폐의 운명 역시 이 다섯 가지 힘에 달려 있다. 내가 주목하는 다섯 가지 힘은 미·중 패권 전쟁, 빅브러더 욕망, 인플레이션, 긴축, 메타버스다. 분야가 약간씩 다른데 미·중 패권 전쟁과 빅브러더 욕망은 정치적 힘이고, 인플레이션과 긴축은 경제적 힘이며, 메타버스는 기술적 힘이다. 이 중에서 경제적 힘인 인플레이션과 긴축은 단기 전쟁 판도에 가장 큰 영향을 주고, 나머지는 중장기 전쟁 판도에 영향을 준다.

　예를 들어, 인플레이션과 긴축의 힘이 작동하는 앞으로 3~4년은 암호화폐의 변동성이 더욱 거세질 가능성이 크다. 앞서 분석했듯이, 암호화폐는 주식, 금, 채권, 부동산 등 기존의 투자상품들보다 변동성의 주기는 짧고 규모는 크다. 비트코인이 80% 이상 붕괴한 주기를 보면, 2013년, 2016년, 2018년으로 2~3년에 한 번꼴이다. 2013년에는 3일 만에 82.6%, 2016년에는 한 달 반 만에 86.9%, 2018년에는 거의 1년간 하락을 거듭하면서 83.6% 폭락했다. 2020년 코로나19 경제 위기 국면에는 (2019년 6월부터 가격이 지속적으로 하락한 것을 포함해서) 60.8%까지 하락했으며, 2021년에도 불과 한 달 만에 51.1% 하락했다. 앞으로 미국을 포함하여 주요 선진국에서 인플레이션율 상승 압력이 지속되고, 이에 따라 연준과 각국 중앙은행들이 긴축 정책을 서두르면서 시장에서 유동성 축소를 유도한다면 암호화폐 가격은 상승과 하락을 위험하게 반복하는 롤러코스터 움직임을 보일 가능성이 매우 크다.

　중장기적으로는 미·중 패권 전쟁의 격화, 중국과 미국을 비롯한 주요 국가 정치인들의 멈추지 않는 빅브러더 욕망, 메타버스 환경의 확대 등으로 암호화폐 시장에서 거대한 변화와 뜻밖의 사태들이 지속적으로 나타날 가능성이 크다.

　예를 들어, 미국과 중국은 21세기 패권을 두고 치열하게 맞붙고 있다. 두 나라의 패권 전쟁에서 제1 기축통화국의 지위 쟁탈전은 매우 중요한 요소다. 현재 제1 기축통화국 지위를 확고하게 유지하고 있는 나라는 미국이다. 중국은 위안화를 제1 기축통화 지위에 올려놓으려는 야심을 가지고 있지만, 현재 추세로는 거의 불가능하다. 중국에는 이런 열세를 반전시킬 획기적인 카드가 필요하다. 바로, 이제 시작되고 있는 새로운 미래 통화 체제인 '디지털 제1 기축통화'다. 디지털화폐 전쟁은 미래의 전 세계 화폐 표준이 될 수 있는 '디지털 제1 기축통화국 지위'를 두고 벌이는 전쟁으로 전환될 것이다. 이 전쟁에서 승리해야 21세기 부의 전쟁에서 승리할 발판을 마련할 수 있고, 21세기 경제 식민지 획득 전쟁에서 유리한 고지를 점령할 수 있다.

디지털 제1 기축통화 전쟁이 국가 간 경쟁이라면, 빅브러더 욕망은 정치인들이 자국 내의 정치적 영향력이나 대국민 지배력을 높이려는 음흉한 목적과 연결된다. 이들의 잘못된 욕망이 멈추지 않는 한, 디지털화폐의 주도권을 두고 정치인과 국민 간의 전쟁이 벌어질 것이다. 메타버스는 디지털화폐의 생명력을 확대하는 장기적 힘이며 현실세계와 가상세계 간의 전쟁이다. 앞으로 인류는 가상세계의 혁신적 발전을 발판으로 현실의 도시, 국가, 지구 전체를 무한 복제하고, 더 나아가 디지털 은하계와 우주를 만들어가면서 새로운 문명을 구축해나갈 가능성이 크다. 디지털화폐는 이런 메타버스 환경에서 작동하는 디지털 금융 시스템의 중심에 서게 될 것이다.

앞으로 3년간 미국 경제는 어떤 모습을 보일까

먼저, 디지털화폐 전쟁의 단기 판도에 영향을 주는 경제적 힘인 인플레이션과 긴축 정책을 분석해보자. 현재 투자 시장에서 비트코인은 인플레이션 위험을 회피하는 상품으로 인식되고 있다. 비트코인이 인플레이션 헤지 상품이라는 시장의 생각이 옳고 그름을 떠나서, 시장 인식이 그렇다면 인플레이션율이 상승할 때마다 비트코인 가격 상승 압력도 높아진다. 반대로, 시장 유동성을 줄이고 시장 이자율을 높여 부채 부담감을 높이는 긴축은 비트코인 가격에 하락 압력을 가한다.

앞으로 3~4년간은 이 두 힘이 서로 밀고 당기면서 작동할 것이다. 당연히, 비트코인을 비롯한 제1세대 암호화폐들의 가격도 함께 춤을 추게 될 것이다. 이런 미래가 어떤 모습일지를 예측하려면, 앞으로 3~4년 동안 벌어질 인플레이션율 변화와 중앙은행의 긴축 방향 및 움직임 패턴을 공부할 필요가 있다.

인플레이션과 긴축 정책의 영향

나는 이 책에서 미국을 중심으로 두 가지 힘의 움직임을 예측해보려고 한다. 미국의 인플레이션율 변화와 연준의 긴축 패턴을 예측하면, 한국의 인플레이션과 긴축 방향의 움직임 패턴도 쉽게 예측할 수 있다. 한국의 인플레이션율은 미국과 대략 비슷하게 움직일 가능성이 크고, 중앙은행의 긴축은 미국보다 한 발씩 빠르게 움직일 것으로 추정하면 된다.

먼저, 2022~2024년 미국의 인플레이션 움직임을 예측해보자. 〈그림 2-2〉는 인플레이션율의 상승과 하락에 영향을 주는 변수들을 시스템적으로 연결한 것이다. 그림에서 볼 수 있듯이, 인플레이션율에 가장 큰 영향을 미치는 힘은 경제성장률이다. 참고로, 현재 미국을 비롯한 주요 선진국의 인플레이션율을 높이는 힘으로 작동하고 있는 '공급망 병목 사태'는 이례적인 사건이며 앞으로 3~4년간 지속적으

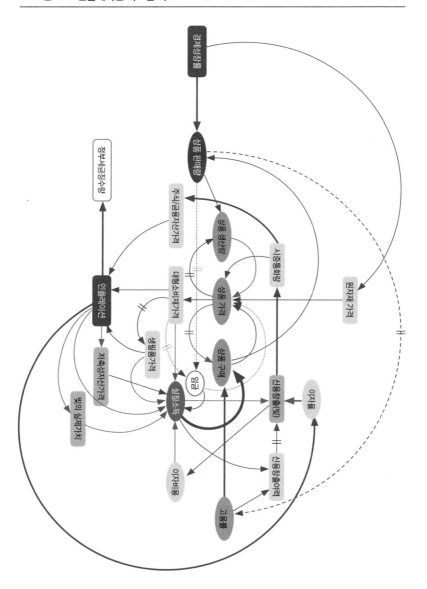

로 영향을 미칠 힘은 아니기 때문에 주요 변수에 포함하지 않았다.

2022~2024년 미국 경제는 놀라운 움직임을 보여줄 가능성이 크다. 나는 2022~2024년 전 세계 각국의 경제성장률 경로에서 결정적 역할을 하는 요인으로 위드코로나로의 정책 전환 속도, 인프라 투자 규모, 미래 산업 역량이라는 세 가지 힘을 꼽는다.

미국은 이 세 가지 요인이 전 세계에서 가장 강력하게 작동하는 나라다. 미국은 2021년 상반기부터 빠른 백신 접종 속도와 강력한 경기부양책으로 전 세계에서 가장 강력한 경제 반등 효과[7]를 거뒀다. 비록 2021년 여름부터 델타 변이의 창궐로 경제 회복 기조가 약간 후퇴하긴 했지만, 코로나19 이전 평균 성장률 2~3%의 2배가 넘는 경이로운 성장률을 기록했다. 최근 30년 내에서 가장 높은 기록이다.[8] 영국의 경제연구소인 옥스퍼드 이코노믹스가 "미국이 16년 만에 처음 세계 경제의 '단독 견인차'로 떠오르고 있다", "미국이 2005년 세계 경제 성장의 단일 제공자로서의 지위를 중국에 내준 뒤 16년 만에 그 지위를 되찾게 됐다"는 찬사를 보낼 만했다.[9]

일부에서는 2021년 미국 경제의 강력한 반등을 위기 이후에 당연히 일어나는 기술적 반등이라고 깎아내린다. 하지만 그렇지 않다. 2021년 미국 경제성장률은 2002년 IT 버블 붕괴, 2008년 금융 위기 이후 기술적 반등 수준을 훨씬 뛰어넘는다. 지난 10년 동안 미국 경제를 분석해보면, 경제 위기 이후 기술적 반등 수준은 대부분 위기 발생 직전 수치보다 낮거나 약간 높았다. 또한 2021년 여름부터 델타 변이 창궐로 미국 경제 회복이 늦어진 것은 큰 문제가 되지 않는다. 조삼모사일 뿐이다. 2021년 여름 이후 경기 후퇴로 줄어든 성장률이 2022년 경제성장률에 추가 반영되기 때문이다. 예를 들어, 미연준은 2021년 미국 경제성장률을 델타 변이 바이러스 창궐을 반영하여 5.9%로 낮췄지만, 2022년 경제성장률을 종전 3.3%에서 3.8%로 상향했다. IMF도 2021년 미국이 경제성장률을 기존 전망치보다 1.7%p 상향한 5.2%로 예상했다.

이처럼 2022년에도 미국 경제성장률이 높은 수준을 유지할 가능성이 큰 이유가 있다. 예를 들어, 2022년 상반기까지는 경제 위기 이후 발생하는 리바운드 효과가 지속된다. 연준이 긴축 1단계(양적완화 축소)를 단행하더라도 초저금리 기조가 유지된다. 2022년은 바이든 행정부가 실시하는 인프라 투자가 실물경제에 영향을 미치는 첫해다. 2022년 11월 8일에 중간선거가 있기 때문에 선거 특수 효과도 있다. 실업률도 3%대까지 하락하면서 완전고용 상태에 진입한다. 2021~2022년 미국 경제성장률은 '30년 만에 최고의 2년'으로 기록될 가능성이 크다.

2023년 미국 경제성장률을 예측해보자. 미국 연방준비제도[Fed]는 2023년 미국 경제성장률 전망을 2.4%로 제시했다. 이 수치는 코로나19 이전 미국 경제성장률 평균치와 비슷하다. 연준은 미국 경제성장률이 2021~2022년 이후에는 자연스럽게 평균치로 수렴하리라고 본 것이다. 그렇지만 내 생각은 다르다. 나는 2023년에도 바이든 행정부가 진행하는 인프라 투자 효과가 지속되고, 코로나19 종식으로 세계 경제의 완전한 재개 상황이 펼쳐지고(세계 경제성장률 강세), 미래 산업 버블 분위기가 본격적으로 고조된다면, 미국 경제가 3%대의 성장률을 기록할 가능성이 충분하다고 예측한다.

〈표 2-1〉을 보자. 1933~1936년 미국이 대규모 인프라 투자(뉴 딜)를 실시했을 때 경제성장률 변화 추이다. 루스벨트 행정부가 실시 했던 뉴딜이 본격적으로 실물경제에 효과를 낸 시점은 2년 차였고, 뉴딜 효과는 4~5년 차까지도 계속 효과를 발휘했다. 이번 바이든 행정부의 인프라 투자도 비슷한 효과를 낼 가능성이 충분하다.

2023~2024년, 미국과 전 세계 경제를 둘러싸고 우호적 환경이 만들어지는 것도 바이든 행정부 경제 정책의 성공 확률을 높여줄 수 있다. 예를 들어 2022년 한 해에 신흥국과 제3 세계에 백신 보급이 원활해진다면, 2023~2024년경에는 글로벌 무역 환경도 코로나19 이전의 추세선으로 복귀할 수 있을 것으로 추정된다. 산업과 자산 시 장에 버블이 일어나는 것도 경제성장률 상승을 압박하는 요인이다.

IT 버블기(산업 버블기)와 부동산 버블기에 시장에 막대한 돈이 풀 리면서 미국 경제성장률은 평균치보다 높게 유지됐다. 코로나19 이 후, 4차 산업혁명의 파도를 타고 산업 버블기가 형성되고 있다. 부동 산 버블도 만만치 않다. 원자재 버블기도 겹치고 있다. 이런 모든 것 이 경제성장률 상승 압력 요소로 작동할 수 있다. 2023년에 연준이 기준금리 인상을 시작하더라도 당장은 경제성장률을 약화시키지 않

연도	명목 GDP (1조 달러)	실질 GDP (1조 달러)	GDP 성장률 (%)	GDP에 영향을 미친 사건
1933	0.057	0.817	-1.2	뉴딜
1934	0.067	0.906	10.8	미국 부채 증가
1935	0.074	0.986	8.9	사회 보장
1936	0.085	1.113	12.9	루스벨트 대통령 세금 인상
1937	0.093	1.170	5.1	경기 불황 돌아옴

뉴딜 이전 미국 연간 경제성장률보다 2~3배 높아짐

자료: fortunly.com:

을 것이다. 미국의 과거 경제 성장과 연준의 기준금리 인상의 관계를 분석한 바로는 연준이 기준금리 인상을 시작하는 해에 미국 경제가 견고할 경우 일시적으로 긴축 발작을 일으킬 수 있지만, 1년 전체의 경제성장률이나 경제 분위기를 크게 해치지 않았다. 2023년도 비슷할 것으로 예측한다. 〈그림 2-3〉은 2023~2024년 미국 경제 성장에 추가 동력을 제공할 수 있을 것으로 예측되는 주요 원동력을 정리한 것이다.

바이든 행정부의 임기 마지막 해인 2024년 미국 경제성장률은 어떤 모습이 될까? 2024년 미국 경제성장률에 가장 큰 영향을 미칠 변수는 '2024년 대통령 선거 특수'와 '기준금리 인상 지속'이다. 첫 번째 변수인 '2024년 대통령 선거 특수'에 대해 살펴보자.

〈그림 2-4〉부터 〈그림 2-12〉는 1988년부터 2020년까지 대선이 있었던 해의 미국 경제성장률(분기)을 분석한 자료다. 결론을 말하면, 미국은 대통령 선거 기간에 엄청난 자금이 시중에 풀리기 때문에 부동산 버블 붕괴, 코로나19 대재앙 같은 경제 위기가 발생하지 않는 이상 분기별 경제성장률 또는 연간 경제성장률은 전년보다 양호하거나 비슷했다. 2024년도 비슷할 가능성이 크다. 여기에 2024년은 바이든 행정부의 인프라 투자 효력도 지속된다.

● 그림 2-3 **2023~2024년 미국 경제 성장의 주요 원동력**

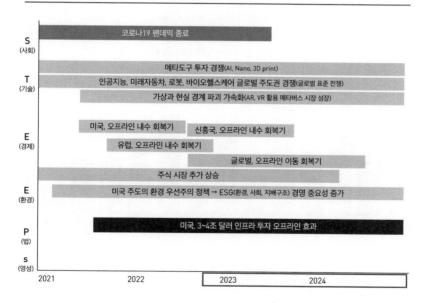

기준금리 인상 지속의 영향

2024년 미국 경제성장률 추이에 영향을 미치는 두 번째 변수인 '기준금리 인상 지속'의 영향을 예측해보자. 1985년부터 2019년까지 다섯 번의 기준금리 인상기에 미국 경제성장률 변화 추이를 비교한 결과, 기준금리 인상 전반부에는 미국 경제성장률이 상승하는 패턴을 보였다. 투자 시장의 상승세도 지속된다. 연준의 기준금리 인상이 강력한 경제 성장 추세로 인한 인플레이션율 상승에 대응하는 적절한 행동이라는 인식이 시장을 지배하기 때문이다. 암호화폐 가격

● **그림 2-4 대선이 있던 해의 미국 GDP 성장률(분기, 1988)**

자료: tradingeconomics.com

● 그림 2-5 대선이 있던 해의 미국 GDP 성장률(분기, 1992)

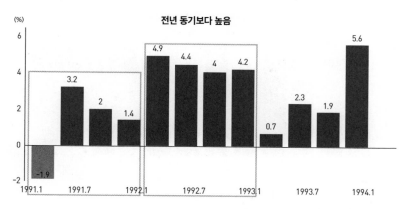

자료: tradingeconomics.com, 미 상무부 경제분석국

● 그림 2-6 대선이 있던 해의 미국 GDP 성장률(분기, 1996)

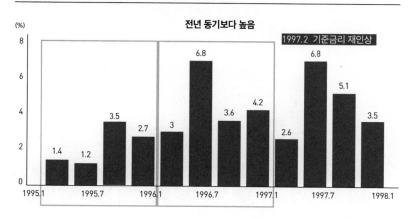

자료: tradingeconomics.com, 미 상무부 경제분석국

● 그림 2-7 대선이 있던 해의 미국 GDP 성장률(분기, 2000)

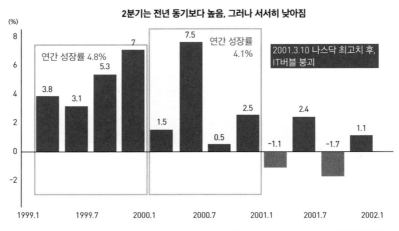

자료: tradingeconomics.com, 미 상무부 경제분석국

● 그림 2-8 대선이 있던 해의 미국 GDP 성장률(분기, 2004)

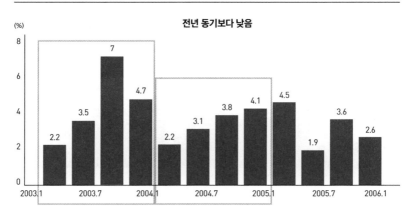

자료: tradingeconomics.com, 미 상무부 경제분석국

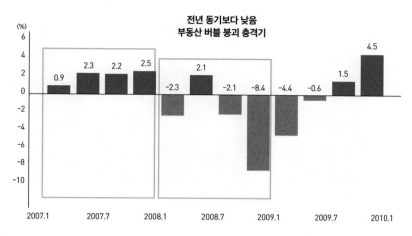

● 그림 2-9 대선이 있던 해의 미국 GDP 성장률(분기, 2008)

자료: tradingeconomics.com, 미 상무부 경제분석국

● 그림 2-10 대선이 있던 해의 미국 GDP 성장률(분기, 2012)

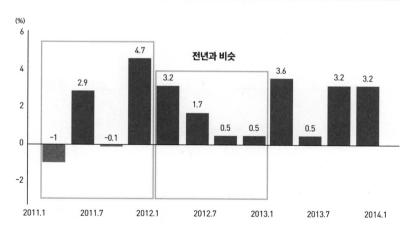

자료: tradingeconomics.com, 미 상무부 경제분석국

● 그림 2-11 대선이 있던 해의 미국 GDP 성장률(분기, 2016)

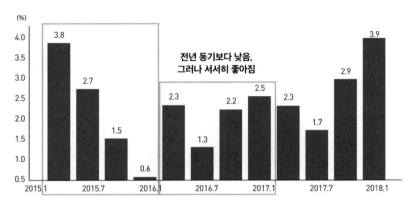

자료: tradingeconomics.com, 미 상무부 경제분석국

● 그림 2-12 대선이 있던 해의 미국 GDP 성장률(분기, 2020)

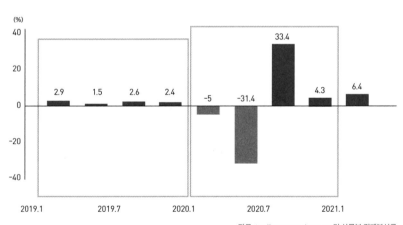

자료: tradingeconomics.com, 미 상무부 경제분석국

도 이런 분위기를 탈 것이다.

하지만 기준금리가 상당한 수준까지 인상되면(기준금리 인상 후반부) 개인은 저축을 늘리고, 기업은 부채 상환에 나선다. 인플레이션율도 높은 수준을 계속 유지하면서 개인들이 소비를 줄이는 현상도 겹쳐서 일어난다. 생산자물가와 높아진 근로자 임금의 압박이 지속되면서 기업은 신규 투자를 줄이고 이와 함께 이익률이 줄어든다. 이런 모든 현상은 경제성장률을 위축시킨다.

만약 2024년이 기준금리 인상 전반부라면 큰 영향은 없을 것이다. 하지만 연준의 기준금리 인상 속도가 빨라져서 2024년이 기준금리 인상 후반부를 지나는 시기라면 경제성장률에 악영향을 주기 시작할 것이다. 단, 연준이 기준금리를 다시 내려야 할 정도의 경제 위기가 발발하기 전에는 기준금리 인상 후반부를 지나가더라도 경제성장률이 급격하게 하락하지는 않을 것이다.

만약 2024년이 기준금리 후반부를 지나게 된다면, 미국 경제성장률은 2023년보다 약간 낮은 2.0% 수준이 될 것이다. 만약 기준금리 전반부에 머문다면, 2.5~3.0% 부근에서 형성될 가능성이 크다. 〈그림 2-16〉은 내가 예측하는 바이든 행정부 4년간 미국 경제성장률 경로를 종합한 그림이다.

내가 2022년부터 2024년까지 미국 경제성장률 변화를 예측한 것은 인플레이션율 때문이다. 〈그림 2-17〉과 〈그림 2-18〉을 보자. 미국 경제성장률과 인플레이션율의 관계를 표현한 것이다. 일반 인플

■ 연간 성장률 vs. 기준금리

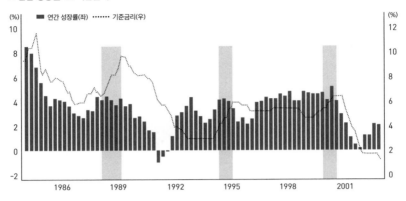

■ 소매판매 증가율 vs. 기준금리

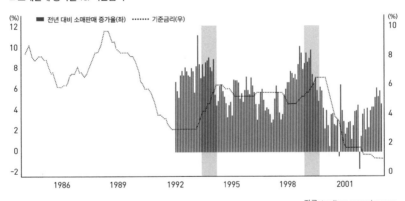

자료: tradingeconomics.com

레이션율과 근원인플레이션율 모두 경제성장률과 비슷하게 움직인다. 근원인플레이션율은 경제성장률보다 약간 낮은 수준에서 움직

● 그림 2-14 **미국의 기준금리 vs. 경제성장률과 소매판매(2003~2019)**

■ 연간 성장률 vs. 기준금리

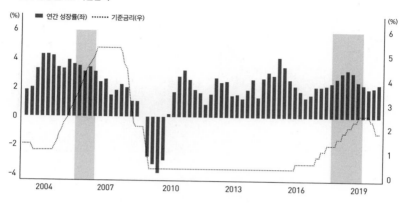

■ 소매판매 증가율 vs. 기준금리

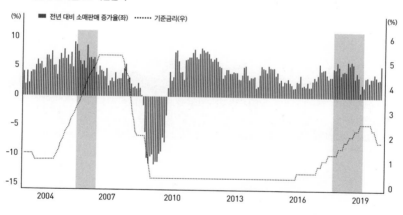

이고, 일반 인플레이션율은 경제성장률보다 높거나 비슷한 수준에 서 움직인다. 즉 2022~2024년 미국 경제성장률이 코로나19 이전

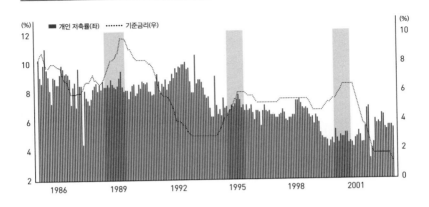

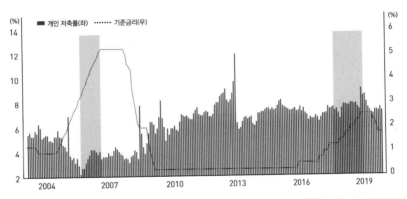

자료: tradingeconomics.com

보다 높은 수준을 유지한다면, 인플레이션율도 이전보다 높은 상태를 유지할 가능성이 크다.

경제성장률이 높으면 인플레이션율도 높은 법이다. 높은 인플레

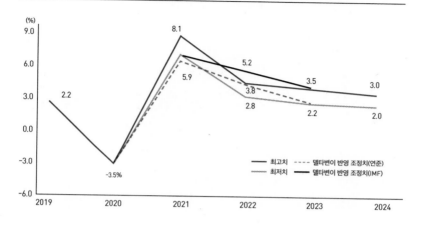

● 그림 2-16 **미국의 경제성장률 경로 시나리오(바이든 정부 4년, 2022~2024)**

이션율은 투자 시장에서 인플레이션 헤지 수단으로 인식되는 비트코인의 가격 상승 압력 요인이다. 나의 예측으로는 2022~2024년은 (높은 변동성 장세가 수반되기는 하지만) 비트코인을 포함한 제1세대 암호화폐에 대한 투자자들의 관심과 인기가 유지될 가능성이 크다. 하지만 연준이 기대하는 인플레이션율 수준(근원인플레이션율 2.0%)보다 높은 수준이 상당 기간 유지되면, 암호화폐 시장 상황이 마냥 안정적이지만은 않을 것으로 보인다.

인플레이션율이 높아지면 상품 가치는 상승하고 화폐 가치는 하락한다. 이런 상황에서 중앙은행 역할을 하는 연준이 기준금리(정책금리)를 높이지 않고 계속 버티면, 시장에서 작동하는 실질 금리가

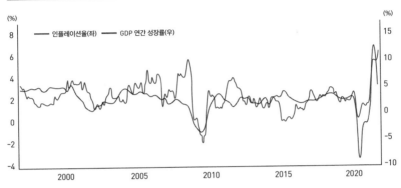

● 그림 2-17 **미국의 경제성장률과 인플레이션율의 관계**

자료: tradingeconomics.com

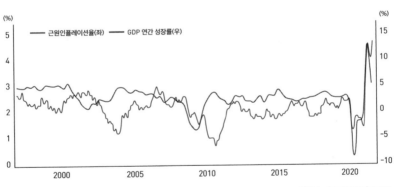

● 그림 2-18 **미국의 경제성장률과 근원인플레이션율의 관계**

자료: tradingeconomics.com

더욱 떨어지는 효과가 발생한다. 그 결과, 상품 가치는 더욱 상승하여 인플레이션이 강화되는 피드백이 작동하는 부작용이 일어난다.

● 그림 2-19 **기준금리와 인플레이션율의 관계**

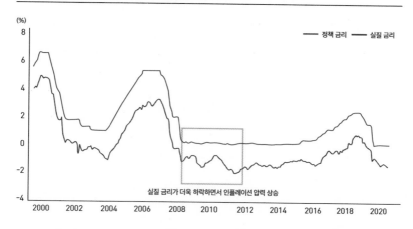

인플레이션율이 높아지면 상품 가치는 상승하고 화폐 가치는 하락하는데, 연준이 기준금리를 높이지 않고 버티면 실질 금리를 더 떨어뜨리는 효과가 발생한다. 이로 인해 상품 가치는 더욱 상승하여 인플레이션이 강화되는 피드백이 작동한다.

자료: FRED(세인트루이스 연방준비은행)

인플레이션율이 높아질수록 상품 가치와 화폐 가치 간의 차이는 더 벌어지고, 자칫하면 경기가 과열되면서 정상 성장 궤도를 이탈해 한 번에 무너질 수 있다. 결국 연준은 이런 문제가 발생하지 않도록 하기 위해 적당한 시점에 긴축을 단행하게 된다.

　문제는 인플레이션율 상승 추세가 연준의 예상보다 빠르고 강렬할 경우다. 그럴 경우 연준은 시장의 예상보다 빠르게 기준금리 인상을 시작하고, 더 나아가 기준금리 인상 속도도 높일 수 있다. 이런 상황은 암호화폐 가격에 매우 치명적 위험이 될 수 있다.

이런 위험한 상황이 벌어지지 않더라도 기준금리가 상당한 수준까지 올라가면 투자 시장에 큰 부담을 준다. 한마디로, 앞으로 3~4년은 (비록 제1세대 암호화폐에 대한 투자자들의 관심과 인기가 유지되더라도) 높은 인플레이션율 가능성과 연준의 긴축 정책 사이에서 암호화폐 가격이 상승과 하락을 반복하는 기괴한 춤을 줄 가능성이 크다.

바이든 정부 기간의 미국 인플레이션율 예측

비트코인을 비롯한 제1세대 암호화폐 가격의 단기적 미래에서 가장 우려하는 시기는 2024년 이후다. 이 무렵이 되면, 암호화폐 시장의 요란했던 파티가 파장에 이를 가능성이 생긴다. 이 시점이 되면, 연준의 긴축 정책이 암호화폐 가격 폭락에 강력한 힘으로 작동할 가능성이 커지기 때문이다.

나의 이런 예측을 이해하려면 미국의 인플레이션 움직임과 그에 대응하는 연준의 긴축 정책 시나리오를 살펴볼 필요가 있다. 그리고 연준 긴축 정책의 단계별 상황에 따라 투자 시장에서 어떤 일이 벌어지는지도 예측해볼 필요가 있다. 이 책에서 다룰 2022~2024년 미국 경제의 인플레이션 시나리오는 크게 세 가지다.

- 시나리오 1 : (코로나19 이전에 나타났던) 1% 중후반대의 낮은 근원인플레이션
- 시나리오 2 : 2% 초·중반대의 견딜 만한 근원인플레이션
- 시나리오 3 : 3%를 넘는 매우 높고 위험한 근원인플레이션

사실, 2022~2024년 미국의 인플레이션 수준과 위험성에 대해서는 세계적 석학들 사이에서도 뜨거운 논쟁이 벌어지고 있다. 알베르토 카발로[Alberto Cavallo] 하버드대 경영대학원 교수는 연방준비제도의 '인플레이션은 일시적'이라는 입장을 옹호하지만, 빌 클린턴 행정부 시절 재무장관이었던 로런스 서머스[Lawrence Summers] 하버드대 케네디 스쿨 교수는 미국의 소비자물가지수(인플레이션율)는 자신의 예상보다 높은 수치를 향하고 있다는 주장을 편다.[9]

이런 찬반 논쟁을 떠나, 사실 하나를 짚고 넘어가자. 2021년 한 해, 미국 근원인플레이션율은 코로나19 이전 몇 년간의 평균치를 훌쩍 웃돌았다. 1995년 이후 최대치다. 한국을 비롯해 영국·프랑스·독일·이탈리아·일본 등 주요 선진국들의 2021년 근원인플레이션율도 매우 높은 수준이지만, 미국처럼 1995년 이후 최고치를 기록하진 않았다. 미국이 주요 선진국 중 단연코 최고다. 이유는 간단하다. 미국

경제성장률이 주요 선진국 중에서 압도적으로 높기 때문이다. 여기에 코로나19의 델타 변이로 글로벌 공급망의 병목현상이 장기화되고 있으며, 미국 소비자들의 보복 소비[revenge spending](질병 등 외부 요인으로 억눌렸던 소비가 보상심리에 따라 분출되는 현상) 규모가 시장 예상치를 크게 웃돌면서 수요 공급의 격차를 심화시키고 있기 때문이다.

물론 이런 현상의 이면에는 코로나19 기간에 미 연준과 정부가 전 세계에서 가장 많은 돈을 뿌렸다는 사실이 있다. 여기에 미국 고용 시장 회복 속도도 매우 빠르다. 경제학 이론에서 고용 시장 호황(실업률 하락)은 인플레이션 상승 압력의 주요인이다. 대체로, 실업률이 4%대까지 내려가는 '완전고용 상태'에 진입할 무렵이면 인플레이션율은 급상승한다. 완전고용 상태에 도달한 이후에도 상당 기간 높은 인플레이션 상태가 유지된다.

〈그림 2-20〉에서도 볼 수 있듯이, 미국은 2022년이면 완전고용 상태(실업률 4% 미만)에 진입한다. 실업률 하락과 더불어 근로자 임금 상승도 고용 시장 호황을 이끄는 부수적 요인이다.

바이든 행정부가 강하게 추진 중인 대규모 인프라 투자도 상당 기간 인플레이션율 상승 요인으로 작용할 것이다. 바이든 행정부가 실시하는 대규모 인프라 투자 규모가 최초 계획의 절반으로 줄긴 했지만, 그렇다고 해도 인플레이션 추가 압력 효과는 작지 않을 것이다.

〈그림 2-21〉을 보자. 1933~1936년 루스벨트 행정부가 실시한 뉴딜은 미국 연간 경제성장률을 이전보다 2~3배 높였고, 인플레이

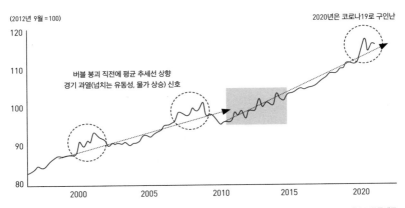

● 그림 2-20 **미국 노동 비용 지수**

(2012년 9월 = 100)

2020년은 코로나19로 구인난

버블 붕괴 직전에 평균 추세선 상향
경기 과열(넘치는 유동성, 물가 상승) 신호

자료: tradingeconomics.com, 미국 노동통계국

선율을 마이너스에서 플러스로 단번에 돌려세웠다. 심지어 1929년 대공황 이전 미국 경제 호황기의 인플레이션율도 쉽게 넘어섰다. 이렇게 만들어진 인플레이션율 상승 추세는 4년간이나 이어졌다.

트럼프 행정부를 거쳐 바이든 행정부에서도 계속되는 리쇼어링 현상(기업이 해외로 진출했다가 다시 본국으로 돌아오는 것) 역시 인플레이션율 상승 압력 요인이다. 기술혁신으로 물류와 유통 체인에서 강력한 가격 하락 트렌드를 만들었던 '아마존 효과'도 '수확체감의 법칙law of diminishing returns'에 빠지고 있다. 인공지능과 로봇 기술에 투자해서 물류와 유통 체인에 혁신 에너지를 계속 공급 중이지만, 신기술을 투입해서 늘어나는 한계 생산량(가격 하락 능력)이 점차 줄어들고 있다.

● 그림 2-21 **1933~1936년 뉴딜 기간 미국의 GDP와 인플레이션율**

■ 뉴딜 기간 미국의 GDP 변화

연도	명목 GDP (1조 달러)	실질 GDP (1조 달러)	GDP성장률 (%)	GDP에 영향을 미친 사건
1932	0.060	0.828	-12.9	엄청난 증세
1933	0.057	0.817	-1.2	뉴딜
1934	0.067	0.906	10.8	미국 부채 증가
1935	0.074	0.986	8.9	사회 보장
1936	0.085	1.113	12.9	루스벨트 대통령 세금 인상
1937	0.093	1.170	5.1	경기 불황 돌아옴
1938	0.087	1.132	-3.3	경기 불황 종료

뉴딜 이전 미국 연간 경제성장률보다 2~3배 높아짐
(인플레이션 상승의 자극 요인 = 정부 투자)

■ 뉴딜 기간 미국의 인플레이션율 변화

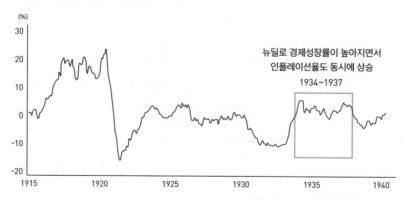

자료: tradingeconomics.com, 미국 노동통계국

미국의 인플레이션율 상승 요인 일곱 가지

2022~2024년 미국 인플레이션율 상승을 자극할 대형 요인들을 정리하면 다음과 같다.

- 정부 부양책 효과(2022년까지 지속)
- 정부 대규모 인프라 투자(2022~2025년까지 지속)
- 연준 유동성^{M1} 공급(2022년까지 지속)
- 자산 시장 호황으로 시중 유동성$^{M2, M3}$ 증가
- 고용 시장 호황(실업률 하락)
- 축적된 소비력(코로나19 기간 저축률 증가)
- 국내외 공급망 시스템의 변화

이런 모든 요인을 종합할 때, 2022~2024년에는 근원인플레이션율이 코로나19 이전 나타났던 2% 미만의 낮은 수준으로 되돌아갈 가능성은 작다. 즉 세 가지 시나리오 중에서 '1%대의 낮은 근원인플레이션율'은 가능성이 가장 작다.

2%대의 인플레이션율이 가능할까

미국 인플레이션의 두 번째 시나리오는 어떨까? 앞서 제시한 일곱 가지 인플레이션 상승 압력 요인으로 인해 2%대는 불가능한 숫자가 아니다. 2021년에도 강력한 기저 효과와 공급망 병목 심화로 일시적으로 근원인플레이션율이 4% 중반까지 치솟았다. 〈그림 2-22〉가 2021년 미국의 근원인플레이션율 추세를 보여준다.

물론 이와 같은 엄청난 근원인플레이션율이 2024년까지 지속될 가능성은 거의 없다. 하지만 강력한 기저 효과가 끝난 이후에도 미국의 근원인플레이션율이 2%대에 장기간 머무를 가능성은 매우 크

● 그림 2-22 **2021년 미국의 근원인플레이션 추세**

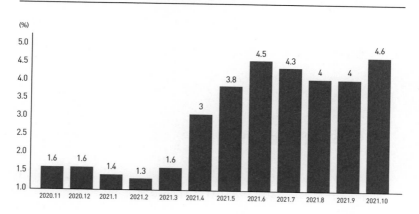

자료: tradingeconomics.com, 미국 노동통계국

다. 2008년 글로벌 금융 위기 이후, 선진국에서는 근원인플레이션율 2%를 금과옥조처럼 여겼다. 일본처럼 장기 저성장에 빠지지 않기 위한 마지노선이었기 때문이다.

코로나19 이전, 미국에서는 1%대 중반 근원인플레이션율을 기록하는 횟수가 잦아지자 '2%대 인플레이션은 높은 인플레이션율'이라는 선입관까지 생겨났다. 이에 따라 2%대 근원인플레이션율은 불가능한 목표 또는 위험한 물가 수준이라는 두려움도 만들어졌다. 2%대 근원인플레이션율이 위험한 물가 수준이라고 두려움을 갖는 진영에서는 2022~2024년에 미국의 근원인플레이션율이 반드시 2% 밑으로 떨어질 것이며, 그렇지 않으면 경제적 대재앙이 일어날 것이라는 말까지 한다. 하지만 그렇지 않다. 어쩌면 2% 초·중반대 근원인플레이션율이 오랫동안 유지되더라도, 미국 경제성장률 추세와 연동해서 생각하면 충분히 견딜 만한 수준이 될 수 있다. 만약 2%대 초반에서만 머문다면 '골디락스goldilocks(경제가 높은 성장을 이루고 있더라고 물가 상승이 없는 상태를 말한다)' 상황도 만들어질 수 있다.

3% 이상의 높은 인플레이션율은?

마지막 시나리오는 2022~2024년 내내 '3%를 넘는 매우 높고 위험한 근원인플레이션율'을 유지하는 상황이다. 기저 효과가 끝난 후에도 반복적으로 3%대를 오르락내리락하는 상황이 지속되는 미래다. 현재로서는 시나리오 2보다 가능성이 작지만 불가능한 시나리오는 아니다. 2023~2024년에도 미국의 경제성장률이 4~5%대를 오르내린다면 가능한 시나리오다.

바이든 행정부 4년의 미국 경제는 매우 특별한 상황이 지속될 것이다. 스페인 독감이라는 대재앙 이후 100년 만에 만난 팬데믹 대재앙을 돌파하기 위해, 1년이라는 짧은 기간에 미국 정부와 연준이 시장에 퍼부은 돈의 규모도 천문학적이다. 1933~1936년 뉴딜 이후 거의 90년 만에 역사상 최고 규모의 인프라 투자가 시행된다. 2022년 바이든 행정부의 예산안도 제2차 세계대전 이후 최대 규모다. 이런 새로운 변수들이 2022~2024년의 미국 경제성장률 및 인플레이션율을 과거 패턴과 전혀 다른 경로로 인도할 수 있다.

이런 시기에 가장 조심해야 할 생각은 지난 수십 년간의 경제성장률과 인플레이션 추세만 가지고 미래 예측을 전개하는 것이다. 2021년 5월 20일, 조지 매그너스George Magnus 옥스퍼드대학교 교수는 "현재 미국의 소비자물가 상승률은 4%대(지난해 같은 기간 대비)로 급등했는데 내년에는 5~6%까지 오를 수 있다"라고 전망했다.[11] 매그너스 박사는 UBS, 뱅크오브아메리카BoA 등에서 수십 년간 이코노미스트로 활동하면서 실물경제에서 잔뼈가 굵은 인물이다. 2006~2007년에는 '민스키 모멘트Minsky moment(버블 붕괴가 가까워질수록 상승률이 줄어듦)'를 근거로 2008년 글로벌 금융 위기를 경고한 경제 석학이다.

그는 미국 경제가 앞으로 몇 년 동안 '1970~1980년대 같은 엄청난 인플레이션(최소 6%, 최대 15%까지 폭등)에 직면하지 않는다'라는 말을 '인플레이션이 높지 않을 것이다'라는 말과 혼동하지 말라고 강조한다. 2021년 초에 발표된 미국 미시간대 설문조사에서도 미국 소비자들은 앞으로 5~10년 동안 평균 3.1%의 높은 인플레이션에 대비하고 있다고 응답했다.[12] 소비자들은 시장에서 직접 체감하는 에너지 비용이나 식료품 가격을 고려해서 미래 기대치를 계산한다. 근원인플레이션율보다는 광의의 인플레이션율에 가깝다.

하지만 분명한 것은 소비자가 체감하는 인플레이션율 상승 속도가 상당히 빠르고 가파르다는 것이다.[13] 성급한 독자라면 곧바로 이런 질문을 던질 것이다.

"박사님은 어떤 시나리오를 가장 높게 보시나요?"

나는 2022~2024년 내내 미국의 인플레이션율이 〈그림 2-23〉처럼 골디락스와 경기 초강세 사이에 걸친 박스권 영역에서 움직이는 시나리오를 기본 미래the base-line future로 삼고 있다. 즉, '2%대 초·중반의 견딜 만한 근원인플레이션 시나리오'가 가능성이 가장 크다고 예측한다. 하지만 세상일은 아무도 모른다. 변화 가능성은 언제나 열려 있다. 미래 예측을 미래를 100% 확률로 맞히는 예언적 행위로 이해하거나 사용해서는 안 된다. 미래 예측은 변화무쌍한 미래 가능성을 다양한 각도에서 미리 생각해보는 합리적 행위다. 따라서 '또다른 미래들alternative futures'에 대해서도 늘 생각해야 한다.

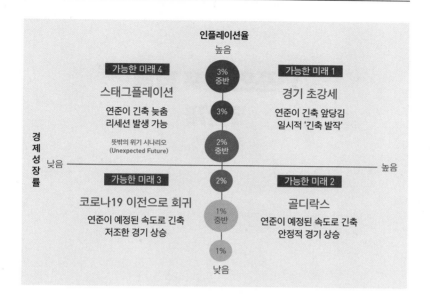

암호화폐 가격과 관련해서 세 가지 인플레이션 시나리오를 평가하자면, 암호화폐 시장에도 시나리오 2가 가장 우호적이다. 시나리오 1의 경우, 미국 경제가 빠르게 위축되는 상황이기 때문에 암호화폐 시장에도 긍정적인 상황은 아니다. 시나리오 3의 경우, 암호화폐 시장에는 매우 좋을 것 같지만 그만큼 변동성도 크고 속도도 빨라질 것이다. 또한 시나리오 3의 경우 연준의 기준금리 인상 속도가 빨라지고 상승폭도 커지기 때문에 암호화폐 가격이 하락할 때 추락의 충격이 배가될 가능성도 함께 커진다.

연준의 긴축 정책 5단계

앞에서, 연준의 긴축 정책이 암호화폐 가격의 변동성을 키울 것으로 예측했다. 나의 예측에 따르면, 앞으로 3~4년간 단기 구간에서 암호화폐 가격은 연준의 긴축 움직임과 속도에 따라 때로는 상승 파티를 벌이거나 때로는 강하게 맞서 싸우면서 박스권이나 하락 장세를 반복적으로 보이게 될 것이다. 그렇기에 암호화폐 투자자들은 단기적으로는 미국, 중국, 유럽, 일본, 인도 정부 또는 IMF 등의 암호화폐 정책 변화에 관심을 가지고 미 연준의 긴축 단계별 상황을 면밀히 모니터링해야 한다.

그러면, 앞으로 암호화폐 시장에서 벌어질 파티 또는 단기 전투가 어떻게 전개될지를 좀더 자세히 들여다보자.

연준의 긴축 5단계

나는 연준의 긴축을 5단계로 구분한다. 나의 분석에 따르면, 미 연준이 긴축을 시행할 때는 정해진 5단계를 순행만 하거나 순행과 역행 사이를 반복한다. 그리고 5단계의 진행 속도는 당시 상황에 따라 다르게 진행될 수 있다. 연준이 각 단계를 시작하는 시점은 상황에 따라 달라지지만, 단계마다 개시initiation, start 조건은 정해져 있다.

■ 미국 연준의 완화 또는 긴축 순서

금융 시스템 위기(예: GDP 대폭락)를 부르는 충격(오일쇼크, 전쟁, 팬데믹, 채권 시장의 붕괴 등으로 실물경제 또는 금융경제에 위기 발발)
➡ (주식 시장 대폭락, 실업률 상승, 물가 침체 조짐 발생)
➡ **연준 완화 1단계:** 기준금리 대폭 인하 ➡ (주식 시장 추가 하락)
➡ **연준 완화 2단계:** 자산매입 확대 ➡ (주식 시장 기술적 반등)
➡ 유동성 증가 ➡ 달러 가치 하락 ➡ 체감 물가 상승
➡ 기업 이익 증가 ➡ 경제성장률 증가 ➡ (주식 시장 추가 상승: 실적 장세) ➡ 실업률 6% 도달 ➡ 지표상 물가 상승 delay

➡ 장기채 금리 상승(연준 Operation Twist)

➡ **연준 긴축 1단계**: 양적완화 축소 ➡ (주식 시장 조정, 추가 상승)

➡ **연준 긴축 2단계**: 양적완화 중지 ➡ (주식 시장 조정, 추가 상승)

➡ **연준 긴축 3단계**: 기준금리 인상 시작 ➡ (주식 시장 조정, 추가 상승)

➡ **연준 긴축 4단계**: 기준금리 인상 지속 ➡ 실업률 4%(완전고용)

➡ **연준 긴축 5단계**: 기준금리 인상 멈춤, 상향 유지

➡ (주식 시장 조정) ➡ 기업 이익 감소 ➡ 경제성장률 하락

➡ 실업률 상승 전환 ➡ (주식 시장 대조정 혹은 대폭락)

참고로, 미 연준이 통화 긴축과 완화 정책을 결정하는 데 직접 영향을 주는 변수들은 〈그림 2-24〉와 같다.

연준이 긴축 정책을 실시하는 이유

먼저, 연준이 긴축 정책을 실시하는 이유를 간단히 살펴보자. 2008년 미국발 금융 위기나 2020년 초에 벌어진 코로나19 경제 봉쇄로 인한 강력한 경기 침체 등의 상황이 발생하면, 연준을 비롯한 중앙은행들은 기준금리를 낮추고 채권 시장에 개입하여 장기채·MBS(주택저당증권) 등 다양한 자산을 직접 매입하면서 시장에 막대한 규모의 유

● 그림 2-24 미국 연준의 기준금리 정책에 영향을 주는 변수들

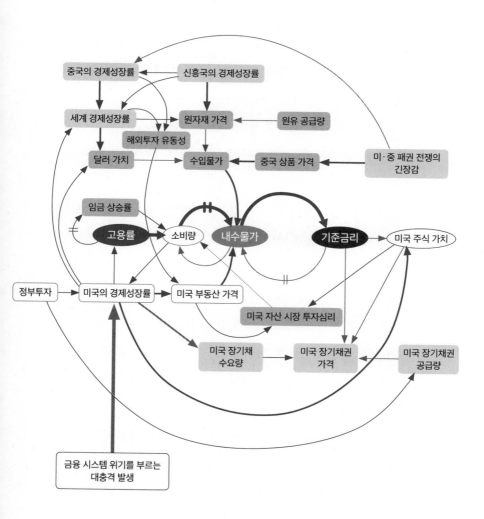

동성을 공급한다. 경기 침체와 투자 시장 참여자들의 심리적 공황이 금융 및 경제 시스템 전체를 붕괴시키는 최악의 상황을 막기 위한 조치다. 예를 들어, 2020년 코로나19로 경제가 유례없는 충격에 빠지자 연준은 기준금리를 제로까지 내리고, 매월 1,200억 달러 규모의 국채와 MBS를 사들이는 양적완화 정책을 실시했다.

실물경제와 투자 시장 모두 유동성 규모와 회전 속도가 매우 중요하다. 사람으로 비유하면, 심장에서 온몸에 피를 뿜어주는 것과 같기 때문이다. 특히 경기 대침체가 발생하면 마치 교통사고를 당해 긴급 수술을 하는 환자에게 수혈을 해주듯 급박한 조치가 필요하다. 하지만 경제 위기에서 탈출한 후에는 상황이 달라진다. 위기 국면에서 비정상적으로 시중에 풀린 유동성은 실물 시장에서는 인플레이션과 화폐 가치 하락을 불러와 소비와 투자를 약화시키고, 투자 시장에서는 심각한 버블을 일으켜서 시장을 왜곡시키는 원인으로 변질된다. 당연히, 이런 상황을 방치하는 기간이 길어지면 부작용도 커진다. 연준이 시중 자산을 매입하는 만큼 연준 부채도 늘어나서 신뢰도에 문제가 생긴다.

이런 부작용을 최소화하기 위해, 연준은 위기 국면에서 뿌린 유동성을 '반드시' 다시 회수해야 한다. 이것을 '긴축'이라고 한다. 단, 사람도 갑자기 몸속에서 피가 줄어들면 빈혈이 생기거나 뇌에 산소 공급이 줄어드는 등 각종 문제가 발생하듯이, 시중 유동성도 마찬가지다. 갑자기 그리고 너무 빨리 유동성이 줄어들면, 경기가 발작을 일

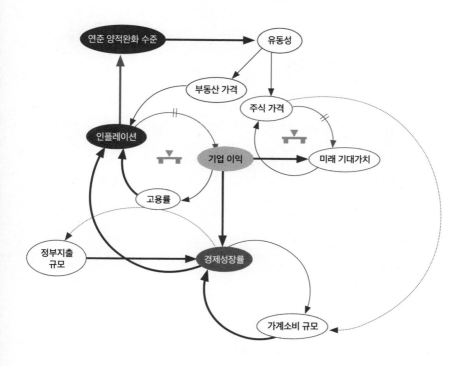

으키고 채권과 주식 등 투자 시장에 혼란이 발생한다. 연준은 긴축 발작과 다양한 경제 부작용을 최소화하기 위해서 긴축(유동성 회수)을 서서히 그리고 단계적으로 실시한다.

연준의 이런 노력에도 불구하고 시장은 연준이 긴축 단계를 높일 때마다 긴장, 우려, 충격, 혼란과 환호 등 다양한 상황을 겪는다. 경제 및 투자 시장에서 벌어지는 이런 상황 변화를 쉽게 포착하고 이해하여 투자 통찰력을 높일 수 있도록 연준의 긴축 단계를 5개로 구분해서 설명하겠다.

긴축 1단계 개시 조건: 실업률, CPI 추세

연준이 긴축 정책을 실시할 때 각 단계를 바꿔가는 단계별 개시 조건들을 살펴보자. 이해를 돕기 위해 2008년 글로벌 금융 위기 이후 2014년 1분기부터 2019년 말까지 진행된 긴축 기간을 실례로 사용하겠다.

2013년 유럽 금융 위기가 절정을 벗어나고 세계 경제가 정상으로 전환되자, 연준은 2014년 1분기에 긴축 1단계(양적완화 축소)를 시작했다. 코로나19 위기 이후로 적용하면, 연준이 2021년 11월부터 미국 장기국채, MBS 등 다양한 자산을 시장에서 직접 매입해오던 규모를 매달 조금씩 줄여가겠다고 선언하면서 시장에 유동성 축소(양적완화 축소) 신호를 보낸 시점이 긴축 1단계의 시작이다.

그러면 2014년 1분기에 연준이 긴축 1단계를 개시할 수 있게 한 충족 조건은 무엇이었을까? 〈그림 2-26〉에서 볼 수 있듯이, 2014년 1분기 당시 긴축 1단계의 개시 조건은 '실업률, CPI 추세'였다.

연준이 입버릇처럼 하는 말이 있다. "(기대 인플레이션이 아니라) 실

● 그림 2-26 **2014년 긴축 1단계의 개시 조건: 실업률, CPI 추세**

연준의 자산매입 축소는 실업률(주요소), CPI 추세에 따라 시작된다.

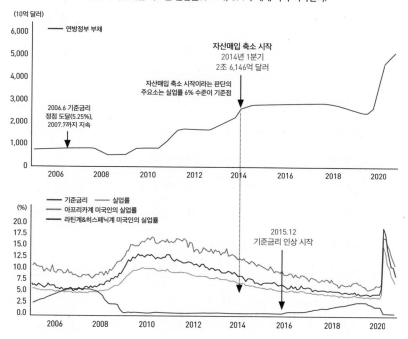

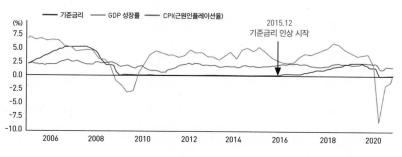

자료: FRED

질 지표를 가지고 판단하겠다"는 것이다. 2014년 1분기에 연준이 긴축 1단계(양적완화 축소)를 단행할 때 기준으로 삼았던 조건은 주요소(주요 지표)와 부요소(부차 지표)로 나뉜다. 주요소는 실업률 6% 수준 하락이고, 부요소는 근원인플레이션율CPI과 경제성장률 추세 등이다. 이 중에서 가장 중요한 것은 실업률이다. 즉, 고용 시장이 안정기에 들어서면 시장 유동성을 감소 방향으로 조절할 명분이 생긴다. 고용 확대는 시장 정상화의 핵심 지표이고, 동시에 인플레이션율이 본격 상승하기 직전이라는 미래 신호이기 때문이다.

참고로, 긴축 1단계(양적완화 축소)를 개시하는 조건 '실업률 6%'라는 숫자는 절대적 기준은 아니다. 핵심 참고 기준이기에 상황에 따라서는 약간의 융통성이 있다. 예를 들어 2014년 1분기 긴축 1단계는 실업률 6% 부근에서 단행했지만, 코로나19 위기 이후에는 2021년 5월에 실업률이 6%에 도달했어도 긴축 1단계를 실시하지 않았다. 코로나19 위기는 2008년 위기와 근본적으로 달랐기 때문이다.

2008년 글로벌 금융 위기는 금융 시장에 큰 타격을 주어서 미국에서는 수많은 은행과 기업이 파산했다. 실업률이 6% 수준까지 하락하는 데도 4년 이상이 소요됐다. 2020년 코로나19 대재앙은 실물 경제에는 큰 충격을 줬지만, 정부와 연준이 빠르고 강력한 구제책과 부양안을 처리한 결과 은행과 기업의 대규모 파산을 막았다. 전염병 확산을 막기 위해 전면적이지만 일시적인 경제 봉쇄를 단행한 것이기에 백신 보급으로 방어선 구축에 성공하자 곧바로 경제가 전면 재개됐다. 당연히, 실업률도 역사상 가장 빠른 속도로 6%대까지 하락했다. 코로나19가 만든 실업률 급상승은 전염병으로 인한 직장 폐쇄가 원인이었다. 따라서 코로나19 위험이 약화되면서 직장 폐쇄도 빠르게 풀렸다. 실업률도 매우 빠른 속도로 떨어졌다. 직장이 폐쇄되는 기간에도 연준과 미 행정부가 막대한 금융지원과 구제금융으로 실업자들의 경제력이 붕괴하는 것을 막았다. 그래서 실물경제 충격은 2008년보다 적었고 높은 실업률에도 불구하고 소비 시장이 상대적으로 안정적이었다. 또한 인도 등 각종 변이 바이러스에 대한 위험, 갑작스럽게 치솟은 인플레이션율, 주식 시장의 버블 등 다양한 잠재 위험이 남아 있었다.

연준도 긴축 1단계 시작 시점을 2014년과 달리 좀더 신중하게 고려할 필요가 있었다. 즉, 약간의 융통성을 발휘한 셈이다. 연준은 2014년과 달리 실업률이 6%까지 빠르게 낮아져도 긴축 1단계를 서두르지 않았다. 대신, 2014년과 달리 이번에는 부요소인 인플레이션율과 경제성장률 추세를 모두 고려하여 좀더 신중을 기했다. 앞으로는 코로나19와 같은 상황이 재발하지 않는 한 2014년과 같은 판단이 긴축 1단계를 시행하는 기본 기준이 될 것이다.

지난 몇 번의 긴축 단계를 분석한 결과, 연준이 자산매입 축소(양적완화 축소)를 시작해서 완전 종료(중지)까지 걸리는 긴축 1단계의 평균 기간은 6개월~1년임이 밝혀졌다. 긴축 속도를 높이고 싶을 때는 자산매입 중지 시점을 6개월로 단축할 수 있지만, 대체로 1년이었

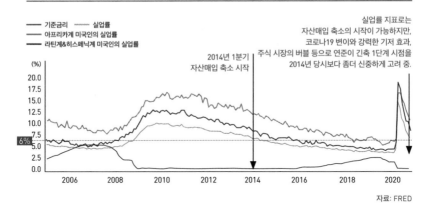

● 그림 2-27 **미국 실업률 현황(2021년 5월 기준)**

— 기준금리 — 실업률
— 아프리카계 미국인의 실업률
— 라틴계&히스페닉계 미국인의 실업률

2014년 1분기
자산매입 축소 시작

실업률 지표로는
자산매입 축소의 시작이 가능하지만,
코로나19 변이와 강력한 기저 효과,
주식 시장의 버블 등으로 연준이 긴축 1단계 시점을
2014년 당시보다 좀더 신중하게 고려 중.

자료: FRED

다. 단, 코로나19 이후에는 경제 회복이 빠르고, 시장 유동성이 천문학적이고, 인플레이션 상승이 연준의 예상을 넘어서고 있기 때문에 이번 코로나19 이후 긴축 1단계 기간은 상대적으로 짧을 가능성이 매우 크다.

테이퍼링과 테이퍼 탠트럼

연준이 긴축 1단계(양적완화 축소)를 실시할 무렵이 다가오면, 시장에서는 장기국채 금리의 상승이 먼저 시작된다. 이 시점까지도 암호화폐 시장은 유동성 파티를 신나게 즐기고 있다. 그러다가 연준이 긴축 1단계 카드를 꺼내 들면서 유동성 파티를 끝낼 준비를 한다는 낌새를 보이면, 암호화폐 시장은 '일시적'으로 실망감을 내비친다. 유동성만을 먹고 사는 암호화폐 시장은 공포에 떨고 일시적으로 '테이퍼 탠트럼taper tantrum(긴축 발작)'을 일으키면서 가격 하락이 발생할 수도 있다(또는 코로나19 이후처럼 유동성이 상상을 초월할 정도로 이미 풀린 경우에는 '일시적 조정' 정도의 흔들림이 발생한다).

연준이 양적완화 정책의 규모를 점진적으로 축소하는 것을 '테이퍼링tapering'이라고 부른다. 테이퍼링이란 원래 지구력이 필요한 마라톤 같은 스포츠 종목에서 고된 훈련으로 지친 몸 상태를 추스르고 시합 당일에 컨디션을 최고 수준으로 끌어올리기 위해 선수가 의도적으로 훈련량을 줄이는 행위를 가리키는 단어였다. 이 단어가 금융투자 시장에서 사용된 것은 2013년 5월(테이퍼링 실시 6개월 전) 당시 연준 의장이었던 벤 버냉키Ben Bernanke가 의회 증언에서 사용하면서부터다. 벤 버냉키 의장은 의회 청문회 증언을 하면서 '임시처방으로 사용했던 양적완화 정책을 점진적으로 축소해나가면서 금융 시장을 정상으로 되돌리는 행위'를 테이퍼링에 비유했다.

연준이 테이퍼링(긴축)을 실시하면, 암호화폐 시장만 흔들리는 것이 아니다. 신흥국 외환 시장에서는 달러가 빠져나가면서 통화 가치가 하락한다. 곧이어, 각국 경제성장률과 투자 시장도 '일시적'으로 주춤하고 요동친다. 〈그림 2-26〉에 표시했듯이, 연준이 긴축 1단계를 시작하기 직전에 경제성장률이 일시적으로 하락하고 재반등하는 변동성을 보인다. 이것이 '테이퍼 탠트럼' 현상이다.

하지만 이런 긴축 발작 현상은 오래가지 않는다. 일시적 발작이 끝나면 곧바로 시장은 안정 상태로 되돌아간다. 비트코인 등 제1세대 암호화폐 가격도 반등을 시작한다. 긴축 1단계는 양적완화 규모를 줄이는 것이지만, 그럼에도 시중에 유동성 확대가 계속되는 상황이기 때문이다. 파티가 끝날 시간이 점점 다가오지만, 아직 음악 소리는 크고, 술과 음식도 계속 공급되고, 춤추는 사람들도 여전히 많은 상황이다.

오퍼레이션 트위스트와 SLR 완화

긴축 1단계를 시작하기 직전에 연준이 시장에 신호를 보내서 심리적 대비를 하도록 돕는 정책을 구사하기도 한다. 시중은행의 자기자본비율 기준을 높이는 것이 하나의 예다. 2021년 3월 말, 연준은 미국 장기채 금리가 치솟자 '오퍼레이션 트위스트operation twist(장기국채를 매수하고 단기국채를 매도함으로써 금리를 조절하는 것)' 카드를 사용하지 않고 다른 대안을 선택했다. 즉 'SLRSupplementary Leverage Ratio(보완적 레버리지 비율) 완화 종료'였다.

2008년, 금융 위기가 일어났을 때 미국은 2,500억 달러가 넘는 연결자산을 보유한 대형 금융기관에 징벌적 성격으로 각종 자본 규제를 가했다. SRL도 그중 하나였다. SRL 규제는 은행이 자산이 늘어날 때마다 자기자본도 늘려야 한다는 규정이다. 당시 연준이 은행에 제시한 총자산 대비 자기자본비율은 최소 3% 이상이었다. 2020년 3월 코로나19 팬데믹으로 금융 시장에 공포감이 치솟자, 미국 재무부는 국채 발행을 늘려 막대한 구제금융을 실시해야 했다. 하지만 재무부는 돈을 직접 찍어낼 수 없기 때문에 국채를 발행해서 시중에서 달러를 조달해야 한다. 결국 재무부가 발행한 국채를 누군가가 매입해주어야 한다는 말이다.

이때 연준이 나섰다. 연준은 시중은행이 정부가 발행하는 미 국채 일부를 매입해주기를 원했다. 하지만 은행은 SRL 규제를 들먹이면서 난색을 표했다. 대형은행 입장에서는 재무부가 발행하는 국채를 사면 은행이 보유한 현금성 자본이 줄어서 자기자본비율이 떨어진다. 연준과 의회는 이를 1년간 유예해주기로 했다. 이것이 'SLR 완화'다.

2021년 3월 유예 기간 1년이 끝날 무렵, 시장에서는 유동성 유지를 위해 추가 연장을 원했다. 하지만 연준은 연장을 불허했다. 대형 시중은행들이 미 국채 매입 규모를 줄이거나 역으로 매도하여 시중 유동성이 줄어드는 효과를 만들기 위해서였다. 은행들이 보유한 국채가 시장에 다시 흘러나오면서 일시적으로 장기채 금리가 상승하는 부작용은 발생하지만, 그 자체로 시장에 긴축 신호를 보내는 효과적인 방법이기 때문이다.

연준은 이런 신호들을 보내면서 긴축 발작이 진정되기를 잠시 기다린 후에 긴축 1단계를 시작한다. 만약 발작 수준이 연준의 예상보다 너무 커지거나 장기화되면, 장기국채 금리를 안정화하기 위해 비상조치를 취할 수도 있다. 이것이 오퍼레이션 트위스트로, 연준이 보유한 단기국채를 매각하여 만든 재원으로 장기국채를 매입하는 행위다.

오퍼레이션 트위스트는 연준이 유동성은 추가로 늘리지 않고 장기국채 금리를 안정시킬 목적으로 실시하는 정책적 행위다. 하지만 인위적 시장 개입이고 매우 위험한 조작 행위이며 시장 교란 행위다. 연준의 기본 철학에도 맞지 않는다. 그래서 연준은 긴축 단계에서 금융 시장에 심각한 비상 상황이 발생하지 않으면 이 카드를 거의 꺼내지 않는다. 비상 정책으로 단행했을 때도 위험 부담이 매우 크다. 만약 장기국채 금리를 끌어내리는 데 실패하면, (장기국채를 샀기에) 단기금리만 빠르게 상승하면서 걷잡을 수 없는 후폭풍이 일어난다. 단기금리가 치솟고 변동성이 커지면, 장기금리 급등보다 시장 부작용은 상상을 초월할 수 있다.

이런 상황이 벌어지면, 암호화폐 가격은 더욱 심하게 상승과 하락을 반복한다. 시장에 그다음 위기가 어디로 번질지 모른다는 공포감이 가득 차면서 투자 심리가 갈팡질팡하기 때문이다. 결국 연준은 단기금리 통제에 다시 개입해야 하고, 연준 신뢰도는 추락한다. 그리고 그것이 다시 시장 우려를 증폭시킨다. 결론적으로, 연준이 금

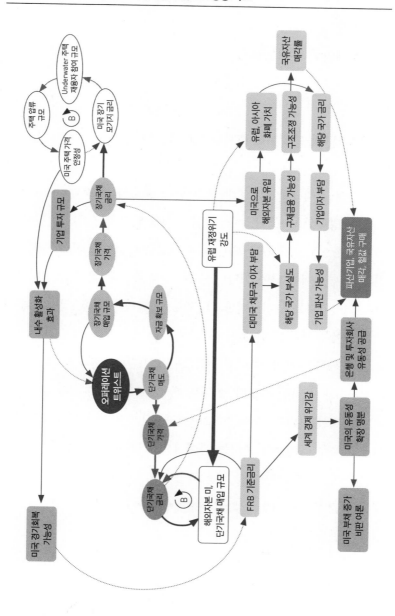

융 시장의 자율성을 훼손하면서까지 인위적 개입을 해야 할 정도의 비상 상황(경기 대침체, 채권 시장 붕괴 등)이 아니면 최대한 아끼는 카드가 오퍼레이션 트위스트다.

긴축 2단계: 양적완화 중지와 휴지기

연준의 긴축 2단계는 '양적완화 완전 중지'와 '일정 기간 휴지기' 유지다. 양적완화 중지는 자산매입 자체를 완전히 종료하는 단계다. 파티 상황으로 비교하면, 술과 음식 제공은 끝났지만 파티장에는 여전히 술과 음식이 남아 있다. 음악도 계속 흐른다. 파티장을 떠나는 사람들이 하나둘 늘어나지만 여흥은 계속된다. 당연히 암호화폐 가격 대폭락은 아직 먼 단계다.

내가 분석한 결과, 연준의 긴축 2단계 기간(양적완화 완전종료 후 휴지기)도 6개월~1년 정도다. 이것도 대체로 1년이 많다. 하지만 코로나19 이후 실시되는 이번 긴축 2단계도 1단계 기간이 짧아지는 것과 같은 이유로 과거 평균보다는 상대적으로 짧아질 가능성이 매우 크다. 이 기간에 연준이 하는 일은 분명하다. 자산매입 중지로 인해 발생하는 경기 하락(GDP 성장률 하락세 등) 충격 진정과 근원인플레이션율CPI 반등을 지켜보는 것이다.

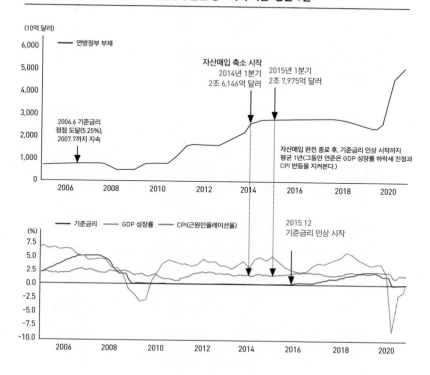

● 그림 2-29 자산매입 축소 시작에서 완전 종료까지 기간: 평균 1년

(10억 달러)

6,000
5,000
4,000
3,000
2,000
1,000
0

— 연방정부 부채

자산매입 축소 시작
2014년 1분기
2조 6,146억 달러

2015년 1분기
2조 7,975억 달러

2006.6 기준금리
정점 도달(5.25%),
2007.7까지 지속

자산매입 완전 종료 후, 기준금리 인상 시작까지
평균 1년(그동안 연준은 GDP 성장률 하락세 진정과
CPI 반등을 지켜본다.)

2006   2008   2010   2012   2014   2016   2018   2020

(%)
7.5
5.0
2.5
0.0
-2.5
-5.0
-7.5
-10.0

— 기준금리   — GDP 성장률   — CPI(근원인플레이션율)

2015.12
기준금리 인상 시작

2006   2008   2010   2012   2014   2016   2018   2020

긴축 3단계: 기준금리 인상 시작

내가 구분하는 연준의 긴축 3단계는 기준금리 인상 시작부터 기
준금리 인상 전반부까지다. 긴축 3단계 시작 조건은 한 가지다. 자산
매입 완전 종료 후, 경제 및 투자 시장 심리 진정이다. 다른 말로 하

면, 평균 6개월~1년 정도의 휴지기 시간이다. 앞서 연준이 이 기간에 GDP 하락 진정과 CPI 반등을 지켜본다고 했다. 긴축 1~2단계를 거치면서 유동성 공급 완전 중단이 줄 수 있는 실물경제 및 투자 시장 후유증이 회복되기를 기다리는 것이다.

과거 사례를 보면, 평균 6개월~1년 정도의 휴지기를 보내고 나면 시장은 다시 안정을 되찾고 본격적인 기준금리 인상 충격을 감당할 심리적이고 실제적 역량을 회복했다. 그러면 연준은 본격적으로 기준금리 인상을 시작한다.

긴축 3단계 진입 직전, 암호화폐 투자자가 알아야 할 중요 사항이 한 가지 있다. 과거 사례를 분석해볼 때, 긴축 단계에서 가장 큰 긴축 발작은 기준금리 인상 직전에 발생한다는 것이다. 이 시기에 (훗날 발생하는 대폭락을 제외하고) 암호화폐 가격에 가장 큰 조정이 발생할 가능성도 크다.

〈그림 2-30〉부터 〈그림 2-32〉를 보자. 과거 두 번의 긴축 전 기간에 주식 시장 조정이 어떻게 발생했는지를 다우 지수를 중심으로 표시한 것이다. 그림에서 볼 수 있듯이, 긴축 1~4단계 중에서 가장 큰 조정폭을 보인 것은 3단계(기준금리 인상 시작)다. 본격 조정기 직전에 발생하는 선 조정장의 하락폭도 3단계 직전이 가장 컸다. 조정폭이 큰 만큼 조정 기간도 가장 길었다. 반대로, 긴축 4단계와 5단계 진입 때는 별다른 조정장이 발생하지 않았다.

이상의 그래프는 장중에 일시적으로 급락한 상황이 빠져 있고, 주

● 그림 2-30 **긴축 기간의 주식 시장 조정 1(다우 지수)**

자료: tradingeconomics.com

● 그림 2-31 **긴축 기간의 주식 시장 조정 2(기준금리 vs. 다우 지수 30, 2012~2020)**

자료: tradingeconomics.com

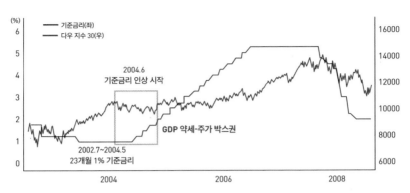

자료: tradingeconomics.com

● 그림 2-33 긴축 기간의 주식 시장 조정 4(다우 지수, 일간)

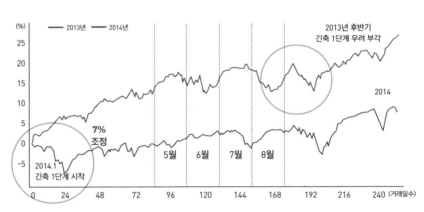

자료: www.macrotrends.net

가 그래프도 일주일 평균선을 기준으로 그려졌다. 〈그림 2-33〉처럼 1일 평균선을 기준으로 그려진 주가 움직임을 살펴보면, 실제 하락폭은 좀더 컸음을 알 수 있다. 일주일 평균으로 계산할 때는 2014년 1분기 긴축 1단계 시작 때의 다우 지수 조정폭이 4%였지만, 1일 평균으로 계산하면 실제 조정폭은 7%에 이른다. 당연히, 긴축 3단계 직전 발생한 조정폭도 실제는 위 그림에 표시한 것보다 컸다.

〈그림 2-34〉와 〈그림 2-35〉는 같은 기간 S&P500 지수와 나스닥 지수 움직임을 보여준다. S&P500 지수는 다우 지수 조정폭과 비슷한 수준이었다. 하지만 나스닥 지수는 긴축 1단계 때의 조정은 상대적으로 약했지만, 긴축 3단계 직전의 조정폭은 가장 컸다.

이런 사례는 암호화폐 투자자들에게 중요한 통찰을 준다. 긴축 3단계 직전에 나스닥 종합지수 조정폭이 상대적으로 크다는 의미는 그만큼 유동성 확대와 축소에 상대적으로 큰 영향을 받는다는 것이다. 그 이유는 분명하다. 나스닥에 상장된 기술 기업들은 다우에 상장된 전통 기업들보다 재무 안정성이 취약하고, 부채가 많고, 미래 기대치가 크게 반영되기 때문이다. 이런 기업들은 기준금리 인상으로 인한 금융비용 부담이 전통 기업들보다 더 크다. 기준금리 인상에 대한 충격이 크기 때문에 심리적 우려와 공포감도 그에 비례해서 크다.

암호화폐는 어떨까? 암호화폐는 나스닥 기술주보다 유동성 확대와 축소, 기준금리 인상에 영향을 더 크게 받는다. 따라서 긴축 3단계 직전에 매우 신중한 투자 전략을 세워야 할 것이다.

● 그림 2-34 **긴축 기간의 주식 시장 조정 5(S&P500 지수)**

자료: tradingeconomics.com

● 그림 2-35 **긴축 기간의 주식 시장 조정 6(나스닥 지수)**

자료: tradingeconomics.com

그렇다고 해서 긴축 3단계에 진입하면 암호화폐를 포함해서 투자 시장의 종말이 시작되는 것이 아니다. 놀랍게도, 과거의 사례를 분석해보면 기준금리 인상 직후 발생하는 일정 기간 조정기가 끝나면 주식 시장의 가격 상승이 다시 시작된다. 이번에도 이런 패턴은 반복될 가능성이 크다. 암호화폐 가격도 큰 조정을 받은 이후 재상승할 가능성이 충분하다. 앞의 그래프들에서도 확인할 수 있듯이, 긴축 3단계 후반 또는 긴축 4단계 초반부터는 상당한 상승이 이어질 가능성이 있다.

긴축 4단계: 기준금리 인상 중반부

나는 긴축 4단계를 '기준금리 인상 중반부'라고 분류한다. 나의 분석에 따르면, 연준은 긴축 4단계에 기준금리 인상을 지속하면서 자산 규모 축소도 병행하여 유동성 흡수 속도를 더욱 높인다. 연준의 자산 관점으로 보면 '자산 추가 매입 규모 축소(긴축 1단계) → 자산 추가 매입 중단(긴축 2단계) → 총자산 규모 축소(긴축 4단계)' 순서로 움직인다.

이렇게 연준이 긴축 속도를 더하는 상황에서 주식 가격이 하락하지 않고 재상승 추세로 전환되는 이유가 무엇일까? 〈그림 2-36〉은 긴축 단계별 연준의 부채 규모와 기준금리를 표시한 것이다. 연준이

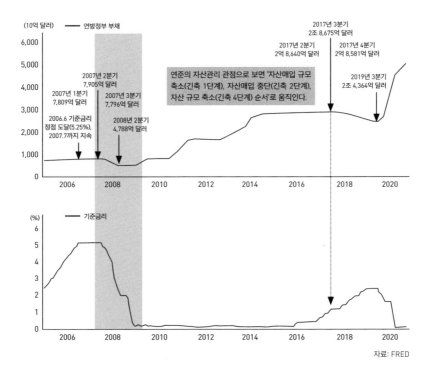

기준금리 인상 중반, 연준은 제2차 자산 축소로 유동성 흡수 속도를 높인다.

통화 긴축 정책을 단행하는 이유는 실물과 투자 시장에 발생한 과도한 열기를 다스려서 시장의 안정을 유도하기 위함이다. 따라서 긴축 2단계 무렵이 되면 연준의 긴축 목적이 시장에 반영되면서 경제성장률과 근원인플레이션율이 동시에 하락하는 패턴을 보인다. 이것은 경기 침체가 아니라 과열이 진정되면서 발생하는 효과다.

그림에서 볼 수 있듯이, 2014년 긴축 시작 이후 1~2단계를 지날 무렵 시장 열기가 식는 모습이 뚜렷이 나타났다. 그리고 연준이 긴축 1~2단계 '후유증'이 어느 정도 회복됐다고 판단한 시점에서 긴축 3단계(기준금리 인상 시작)를 시작할 무렵이 되자, 거짓말처럼 경제성장률과 근원인플레이션율이 재반등했다. 과열은 식고, 실물과 투자 시장은 긴축 정책에 완전히 적응하고, 경제성장률과 인플레이션율은 안정적 단계에 진입했다. 3단계 전후로 투자 시장에서 큰 발작(투자자 손바뀜)이 발생하지만, 그 이후에는 모든 것이 안정을 되찾고 재상승을 할 준비를 마치는 것이다.

이런 상황을 좀더 쉽게 설명해보겠다. 경제 위기가 큰 질병이 발생하여 병원에 입원한 것이라고 가정해보자. 이때 종합주가지수는 크게 폭락한다. 경제 위기 발발 이후 충격을 극복하기 위해 중앙은행과 정부가 양적완화와 재정 확대 정책을 펼치는 것은 병을 고치기 위해 대수술을 단행하고 중환자실에 입원한 상황과 같다. 이때 종합주가지수는 바닥에서 기술적 반등을 시작한다. 연준과 정부의 엄청난 재정지출 덕에 경제성장률이 급반등(111 리바운드)하고 근원인플레이션율이 치솟는 상황은 중환자실에서 환자의 상태가 급격하게 좋아져서 일반병실로 옮긴 것과 같다. 이때 주식 시장의 종합주가지수는 대폭락 이전 고점을 돌파하고 새로운 고점을 만들면서 상승한다. 주식 시장의 열기는 매우 뜨겁고, 실물 시장에서는 인플레이션율 상승 추세가 가팔라지면서 경기 과열 우려가 나온다.

이때 연준이 긴축 전환을 시작한다. 연준이 긴축 1~2단계를 지나면서 시장에 돈을 푸는 것을 완전히 중단하면 시장 열기도 꺾이면서 진정 국면이 만들어진다. 환자로 비유하자면, 건강 상태가 정상적인 생활로 복귀할 수 있을 만큼 안정 단계로 진입한 셈이다. 그리고 환자의 다양한 건강 지표에서 일상생활로 복귀할 수 있다는 신호가 나오면, 연준은 긴축 3단계(기준금리 인상 시작)로 진입할 준비를 한다.

환자가 퇴원할 무렵이 가까워지면 '과연 일상으로 완전히 복귀할 수 있을까?'라는, 일시적인 심리적 위축이 온다. 하지만 일상으로 복귀하여 며칠을 지내다 보면, 언제 그랬냐는 듯 활발하게 움직이는 자신을 보게 된다. 자신감이 회복되고 생활도 대수술 이전으로 돌아간다. 퇴원 후, 병원에 방문해서 건강 지표를 점검하면 완전 정상이라는 통보도 받는다. 긴축 3단계 후반 또는 4단계 시작 무렵이 이런 상태다. 각종 경제 지표에서 경제 위기 발발 이전의 평균 수치로 수렴하여 안정화됐다는 신호가 나온다.

연준은 투자자보다 먼저 이런 신호를 완전히 확인했기 때문에, 자신감을 가지고 기준금리 인상을 시작한다(긴축 3단계). 따라서 기준금리 인상은 부정적 신호가 아니다. 모든 것이 경제 위기 이전의 정상치로 완전히 복귀했다는 긍정적 신호다. 당연히, 주식 시장은 강한 재상승을 시작한다. 생각보다 많이 상승한다. 그래서 이 단계에 이르면 암호화폐 시장의 상승 추세도 다시 가동될 가능성이 크다.

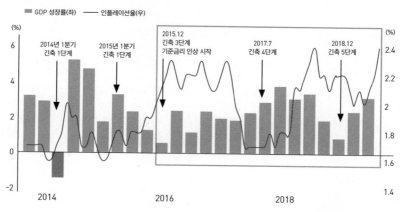

● 그림 2-37 미국의 긴축 단계별 경제성장률과 인플레이션율의 변화 추세

자료: tradingeconomics.com

〈그림 2-37〉은 미국의 경제성장률, 인플레이션율의 변화 추세를 긴축 단계별로 나눠서 표시한 것이다.

긴축 5단계: 기준금리 인상 후반부

긴축 5단계는 '기준금리 인상이 종료'에 이르고 '일정 기간 유지'되는 상태다. 나는 이런 상태를 '기준금리 인상 후반부'라고 부른다. 긴축 5단계 진입을 알리는 신호는 무엇일까? 그것은 긴축 4단계 후반부를 알리는 신호에서 찾을 수 있다.

긴축 4단계 후반이면 실업률이 완전고용 상태인 4% 미만으로 하락하는 상황에 진입한다. 이것이 신호다. 완전고용(실업률 4%) 도달 이후 기준금리 상승은 멈추지만, 연준이 정점에서 일정 기간 기준금리를 유지하는 이유가 있다. 기준금리 상승을 멈추어도 경제성장률이나 인플레이션율은 좀더 긴 시간 강세를 보이기 때문이다. 심지어 경기가 하락 추세로 전환되어서 연준이 기준금리 인하를 단행해도, 근원인플레이션율^{CPI}이 상승하는 경우도 종종 있었다.

〈그림 2-38〉을 보자. (종합)실업률은 완전고용 수준(4%)에 도달했지만, 흑인이나 히스패닉계 등 저소득층 실업률은 더 높은 비율을 유지 중이어서 이들의 실업률 추가 하락이 계속된다. 연준이 기준금리 인상을 멈추는 이유는 경제가 추가 기준금리 인상을 견디기 힘들다는 판단 때문이다. 하지만 실물경제에서는 저소득층의 일자리 개선과 임금 개선이 계속 진행되기 때문에 경기와 인플레이션율 고공행진이 좀더 이어지는 모양새를 보인다.

이런 이유로 연준은 기준금리 인상을 종결해도 한동안 상방에서 유지하는 경향이 많다. 암호화폐 투자자 입장에서는 이 단계에 이르면 다음에 일어날 대폭락을 대비하는 전략으로 전환해야 한다. 암호화폐만이 아니다. 이 단계가 되면, 모든 투자 시장에서 현금 보유를 늘리고 투자 전략도 보수적으로 전환해야 한다. 곧 파티가 끝나고, 영업장 문도 닫히고, 대청소 시간이 시작될 것이기 때문이다(암호화폐 대폭락의 날은 뒤에서 더 자세히 설명하겠다).

기준금리는 완전고용(실업률 4%) 도달 이후에서 정점에서 상당 기간 유지된다.
흑인, 히스패틱계 등 저소득층 실업률이 추가로 하락하는 시간이 필요하기 때문이다.

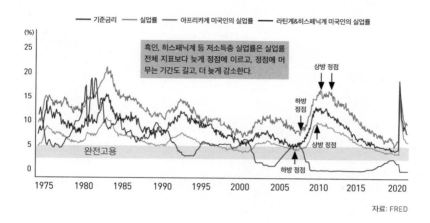

자료: FRED

긴축 1~4단계의 평균 기간은 2~3년

한 가지 더 살펴보자. 긴축 1단계에서 4단계 후반까지 걸리는 시간
은 평균 얼마나 될까? 〈그림 2-39〉를 보면, 과거에 실업률이 완전고
용 상태에 도달하면 대체로 연준의 기준금리가 정점 부근에 도달했
다. 실업률이 6%(긴축 1단계 시작)에서 4% 미만으로 하락하는 데는 평
균 2~3년 정도의 기간이 소요된다. 즉, 긴축이 시작되어서(긴축 1단
계) 기준금리가 정점 부근에 도달하는 4단계 후반까지 대략 2~3년이
소요된다는 말이다.

기준금리는 완전고용(실업률 4%)에 도달하면 정점 부근이다.

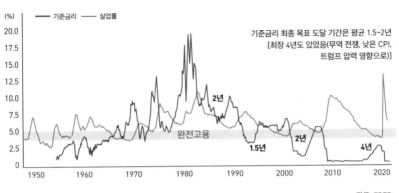

자료: FRED

　코로나19 이후, 이번 긴축 기간에도 비슷한 시간이 걸릴 가능성이 크다. 그림을 보면 긴축 1~4단계 후반까지 기간이 최장 4년 정도 걸렸던 시기도 있었다. 이 기간이 평균치보다 늘어난 이유는 트럼프 행정부의 무역 전쟁, 기대보다 낮은 근원인플레이션율, 트럼프 대통령이 연준에게 각종 협박(?)을 가하면서 압력을 준 것 등이 영향을 미친 것으로 추정된다.

　참고로, 이번 기준금리 인상기에는 2022년경이면 완전고용 상태인 실업률 4%에 도달한다. 코로나19 경제 봉쇄로 인해 일시적으로 치솟은 실업률이 경제 봉쇄 해제 조치만으로 코로나19 이전의 실업률로 빠르게 회귀하는 '매우 예외적'인 상황이기 때문이다. 따라서 이번 기준금리 인상에는 긴축 1단계 진입을 알리는 신호로 실업률 6%대 진입이 사용되지 않은 것처럼, 실업률 4% 미만이 긴축 4단계 후반부를 알리는 신호로는 사용되지 않을 것이다. 대신, 이번에는 실업률 4% 미만이라는 기준이 이미 달성된 상태로 긴축 4단계를 맞이할 것이기 때문에, 연준은 긴축 4단계에 진입한 이후 긴축 5단계로 넘어가는 속도를 예전보다는 높일 가능성이 크다.

연준의 점도표는 참고 자료로만 활용하자

연준의 긴축과 암호화폐 가격의 단기 전투에 대해서 한 가지만 더 조언하고자 한다. 연준의 기준금리 인상 속도나 범위 또는 기간에 대해서 연준이 발표하는 점도표는 핵심 지표로 사용하지 말라. 단지 참고 지표로만 사용해야 한다. 연준의 점도표는 미래 전망을 발표하지만, 그 근거는 현재 시장 지표에 근거한다. 즉, 시장 지표에 후행한다. 시장 상황이 급변하거나 연준의 예상과 다르면 지난달에 발표했던 점도표도 급격히 수정한다.

〈그림 2-40〉을 보자. 연준에서 발표하는 기준금리 기대 목표치(점도표)와 실제 진행된 기준금리 행보를 비교한 것이다. 연준이 기준금리를 인상 또는 인하하는 과정에서 시점과 환경에 따라 '기대 궤적(점도표)'이 시시각각 달라진 것을 볼 수 있다.

과거 연준의 점도표 발표와 그 이후의 행보를 다방면으로 분석한 바에 따르면, 연준 의장이나 위원들이 미국과 세계 경제에 대해서 평가하고 예측하는 말과 행동은 '당시에 나온 지표'에만 충실하다. 그다음 달이라도 미국과 세계 경제 상황이 바뀌면 '바뀐 상황에 충실하게' 말을 바꾸고 행동을 달리한다. 따라서 시간이 지나고 보면 연준이 발표한 기준금리 기대 목표치(점도표)와 실제 진행된 기준금리 행보에 큰 차이가 난다. 〈그림 2-40〉처럼, 연준의 기준금리 기대 목표 궤적(3년 이상)은 평균 1~2년 단위로 재조정됐다. 심지어 불과 한두 달 전과 완전히 반대 기조로 돌아서는 일도 있었다.

예를 들어, 2018년 초에 연준은 미국과 세계 경제의 '견고한robust'

● 그림 2-40 **연준의 기준금리 기대 목표치 vs. 실제 진행된 기준금리**

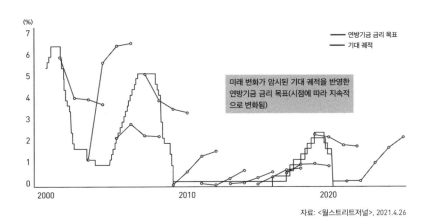

자료: 〈월스트리트저널〉, 2021.4.26

회복과 성장을 예측하며 강한 매파 기조로 말했다. 하지만 불과 1년 만에 트럼프 대통령이 미·중 무역 전쟁을 강력하게 밀어붙이자 '한순간'에 비둘기 기조로 급선회하며 기준금리 인하를 단행했다. 시장 상황이 급변하면, 연준도 급변한다. 나는 연준의 점도표를 후행적 단기 예측 정도에만 사용한다. 경험상 연준이 매번 발표하는 점그래프 형식의 '기준금리 목표 점도표'는 중장기 예측에 사용하지 않는 것이 좋다는 걸 알게 됐기 때문이다.

다시 강조한다. 연준의 입장은 언제든지 바뀔 수 있다. 앞으로 인플레이션율이 연준의 예상보다 높게 유지되는 상황이 길어지면 기준금리 인상 시점을 앞당기거나 속도를 높일 수 있다. 목표치도 높일 수 있다. 당연히, 그 반대도 가능하다. 심지어 2022년부터 2024년 사이에 예상치 못한 위기가 발발하면 기준금리를 인하할 수도 있다.

암호화폐 투자자들은 연준이 발표하는 점도표는 보조 자료로만 사용하고, 지금까지 설명한 실물경제와 금융경제 지표와 연관된 '긴축 단계별 개시 조건'을 우선하면서 거시적 정세 변화 분석과 예측에 집중해야 한다.

2021년 6월, 제롬 파월^{Jerome Powell} 연준 의장은 변화된 점도표를 공개하면서 이런 말을 했다.

"The dots are not a great forecaster of future rate moves (…) it's because it's so highly uncertain. There is no great

forecaster — dots to be taken with a big grain of salt.(점도표
는 미래의 기준금리 움직임을 예측할 수 있는 위대한 지표가 아니다. 너무
불확실하기 때문이다. 위대한 예측 지표는 없다. 점들은 걸러서 봐야 한다.)"

"We're very far from maximum employment, for example,
it's a consideration for the future.(미래에 대한 우리의 고려사항인
최대 고용과는 거리가 멀다.)"

연준 의장 입으로 직접 실물지표가 점도표보다 우선한다고 언급
했다. 또한 이런 말도 했다.

"As the reopening continues, shifts in demand can be large
and rapid and bottlenecks, hiring difficulties and other
constraints could continue to limit how quickly supply can
adjust, raising the possibility that inflation could turn out
to be higher and more persistent than we expect.(경제 재개
가 계속되면서 수요의 이동이 크고 빠르기 때문에 병목현상이 발생할 수 있
으며, 고용난과 기타 제약으로 인해 공급 조정이 빠르게 이루어지는 데 어려
움이 계속 있을 수 있어서, 인플레이션이 예상보다 높고 지속적일 가능성이
커지고 있다.)"[14]

앞서 조언한 것처럼, 연준도 거시적 정세 변화 분석과 예측을 면밀히 하는 중이라는 말이다. 현존하는 투자상품 중에서 변동성이 가장 큰 암호화폐 시장에서 활동하는 투자자는 이런 말에 더더욱 귀를 기울여야 한다. 그렇지 않으면, 앞으로 3~4년 동안 벌어질 단기 전투에서 큰 손실을 볼 가능성이 있다.

중장기 전투, 디지털 기축통화 전쟁

연준의 긴축 정책이 단기 전투에 영향을 미치는 변수라면, 디지털 기축통화 전쟁은 암호화폐의 중장기적 미래에 영향을 미치는 중요 변수 중 하나다. 디지털 기축통화 전쟁의 미래를 예측하려면, 미국과 중국의 패권 전쟁을 먼저 살펴보아야 한다.

패권 전쟁의 목적은 국부國富 증식이다. 즉, 패권 전쟁의 핵심은 '나라 전체 경제력' 향상을 목적으로 하는 경제 전쟁이고, 경제 전쟁에서 승리하려면 식민지 쟁탈 전쟁에서 승리해야 한다. 인류 초기부터 제2차 세계대전까지, 식민지 쟁탈 전쟁은 군사력을 동원해서 상대국의 영토를 빼앗는 형태였다. 대항해 시대부터 최근까지 인류는 생존을 위해 국가 단위의 패권 전쟁을 벌여왔다. 이 책에서 인류 전 역사의 패권 전쟁을 살펴볼 수는 없다. 대신, 대항해 시대부터 최근까지 진행되어온 패권 전쟁의 양상을 간략하게 살펴보고자 한다.

패권 전쟁의 양상

인류 역사에서 국제 무역의 대명사는 아라비아 상인들이다. 아라비아 상인들은 고대부터 사막길을 통과하는 실크로드를 열고 동서양 중개무역을 장악했다. 하지만 육로 무역에는 큰 문제가 하나 있었다. 육로 운송 수단인 낙타 한 마리의 하루 수송 능력은 50킬로그램이고, 하루 평균 40킬로미터밖에 이동하지 못한다는 점이다. 이런 이유로 아라비아 상인들은 8세기 무렵부터 대규모 상품을 실어나르면서도 비용은 줄이는 해양 항로 개척에 나섰다. 아라비아인들은 다우선^{Dhow船}(과거 인도양 일대에서 사용되던 범선)에 올라 계절풍을 타고 인도까지 항해하는 바다 무역로(해양 실크로드)도 열었다. 큰 배 한 척은 수백, 수천 마리의 낙타 몫을 거뜬히 해냈다. 아라비아 상인들은 유향(아라비아반도의 대표 교역품)과 커피 등을 싣고 1만 5,000킬로미터에 달하는 바닷길을 지나 아시아 동쪽 신라까지 오가면서 차, 향신료, 면화 등을 유럽으로 실어날랐다.

아라비아 상인들이 낙타를 타고 멀고 먼 육로를 가로지르고, 거센 파도가 휘몰아치는 바닷길을 뚫고 아시아로 향했던 이유는 무엇일까? 바로, 거대한 시장 때문이었다. 1400~1750년까지, 중국의 인구는 인도와 유럽을 합친 것보다 많았다. 인도의 인구도 유럽 전체보다 많았다. 인구는 곧 시장의 규모다. 아시아 경제가 최고조에 달했던 1750년에는 세계 경제에서 중국이 차지하는 비중은 33%, 인도는 23%, 유럽은 23%, 기타 21%였다. 상품 생산의 70%가 중국과 인도를 중심으로 한 동양에서 이루어졌다.

동서양 무역이 활발해지고, 엄청난 규모의 인구를 가진 아시아는 단번에 세계 패권의 중심으로 부상했다. 그 중심 국가는 중국이었고, 중국은 18세기까지 전 세계의 부와 패권을 손에 쥔 나라가 됐다. 중국의 무역과 경제가 발전하면서 막대한 부가 축적되자, 중국의 군사력도 단숨에 세계 최강으로 도약했다. 1405년, 명나라 3대 황제 영락이 파견한 정화 함대의 규모를 보자. 정화 함대는 317척의 함선(2,000톤급 62척)과 2만 8,000명의 선원(선원이 하루 소비하는 식량은 쌀 100가마)으로 구성됐다. 정화가 탄 대장선은 길이가 무려 150미터, 폭 60미터였고 무게는 8,000톤을 넘었으며, 9개의 비단 돛은 200명이 당겨야 세울 수 있을 정도였다. 정화 함대의 규모는 단일함대로는 제1차 세계대전 전까지 최고 기록이었다.

1497년, 향신료를 찾아 포르투갈 항구를 떠났던 바스쿠 다 가마 Vasco da Gama의 선단과 비교하면 그 차이를 실감할 수 있다. 당시, 대항해를 떠나는 포르투갈의 바스쿠 다 가마 선단은 불과 4척(300톤급 3척)의 배와 선원 173명이 전부였다. 정화 함대에 비하면 100분의 1 수준에 불과했던 것이다. 정화 함대는 아시아와 아프리카 40개국을 경유하는 18만 5,000킬로미터에 이르는 항로를 항해하면서 선단이 지나가는 국가들과 정치, 경제, 문화를 교류하면서 중국 황제의 권위를 과시하고, 아라비아 상인보다 강력했던 중국 상인과 무역의 힘을 과시하고, 중국 내부로는 민심을 안정시키려는 목적을 수행했다.[15]

이런 중국의 패권에 도전한 세력은 유럽이었다. 하지만 유럽이 중국에서 패권을 빼앗는 데 성공하기까지는 꽤 오랜 시간이 걸렸다. 중국을 능가하는 군사력을 확보하려면 국부 증식이 우선이다. 즉, 패권 승리의 첫 번째 관문은 중국을 뛰어넘는 부국富國이 되는 것이고, 이를 위해서는 국제 무역 주도권 장악이 우선이었다. 첫 시작은 포르투갈이었다. 유럽의 변방국이었던 포르투갈은 바스쿠 다 가마를 선장으로 하고 3척의 배를 띄웠다.

초기 포르투갈은 스페인 옆에 붙어 있는, 유럽에서도 작고 약한 변방국이었다. 영토도 현재 포르투갈의 절반에 불과했다. 유럽 최약체 국가였던 포르투갈은 국가의 생존과 발전을 위해 모험이 필요했다. 포르투갈의 탐험대들은 끈질기게 새로운 항로를 찾기 위해 도전했고, 열다섯 번의 시도 만에 1434년 아프리카 보자도르곶에 도달, 유럽의 남쪽 항로를 돌아 동쪽 아시아로 향하는 바닷길을 개척했다. 1488년 포르투갈의 바스쿠 다가마 선단이 1488년에 아프리카 희망

봉을 발견하고, 드디어 인도로 들어가는 발판을 마련한 것이다.

이것을 시작으로 포르투갈이 인도양 패권은 물론이고 포르투갈에서 신라에 이르는 해양 실크로드 전체를 서서히 장악해 나갔다. 인도와 유럽 간의 무역을 독점한 포르투갈은 유럽의 변방 국가에서 일약 최대 부국이자 강대국으로도 도약했다. 최고 전성기에는 중국의 마카오, 인도의 고아, 남아메리카의 브라질, 아프리카의 앙골라와 모잠비크 등까지 식민지로 거느릴 정도였다.[16] 이렇게, 포르투갈이 아시아에서 큰 성공을 거두자, 스페인을 비롯한 유럽의 다른 나라들도 아시아 식민지 전쟁에 뛰어들었다. 당연히, 유럽 전체가 패권전쟁에 뛰어들면서 중국은 곤경에 빠지기 시작했다.

아메리카 대륙을 세력권에 둔 스페인은 1540년 무렵 남미 안데스 산맥에서 거대한 은광들을 찾아냈다. 스페인은 원주민을 동원해서 매년 수백 톤의 은을 채굴하였고, 이를 발판으로 중국과 교역했다. 멕시코 아카풀코에서 채굴한 은을 배에 싣고 필리핀 마닐라에서 도착하여 중국의 도자기와 비단으로 바꾸었고 멕시코 아카풀코로 돌아와, 도자기와 비단을 다시 스페인 세비야로 날랐다. 유럽(포르투갈)-아프리카-아시아를 왕복하는 구 해상 무역로에서 벗어나, 유럽-아메리카-아시아를 왕복하는 새로운 해상 무역로의 탄생이었다. 스페인은 은을 통해 아시아와 아메리카를 연결하고, 아시아와 유럽을 도자기와 비단으로 연결하는 새로운 국제 무역 시스템을 만들었다. 하지만, 스페인의 의도와 다르게 이 과정에서 신대륙에서 채굴한 은의

3분의 2는 중국으로 흘러 들어갔다. 중국은 스페인이 만든 새로운 무역로 사이에서 비단과 도자기를 팔아 1567~1644년에만 1,125만 킬로그램의 은을 벌어들였다. 중국은 이 돈을 가지고 만리장성을 쌓을 정도의 부를 축적하면서 패권국의 지위를 유지했다.[17]

1588년, 국제 해양 무역로를 장악했던 스페인의 무적함대는 유럽의 새로운 강대국으로 떠오른 영국에 처참하게 무너졌다. 영국은 카리브해에서 하얀 금이라 불리는 설탕의 주원료인 사탕수수밭을 장악하고 있었다.

당시 유럽의 은 유출량을 줄이기 위해 유럽은 도자기와 비단을 유럽 내에서의 직접 생산을 꾀하고 있었다. 곧 독일의 도자기와 프랑스의 비단의 중국을 능가하자 유럽이 갖고 있던 중국에 대한 동경이 시들해지기 시작했다. 하지만 이런 현상은 유럽의 은 유출량을 줄이는 데는 도움이 되었지만 영국이 장악학 국제 무역 시스템 자체에는 커다란 위협이었다. 그리하여 영국은 유럽에서 직접 생산하지 못하는 중국의 차로 눈을 돌려 중국과의 교역을 진행했다. 곧 또다시 막대한 양의 은화를 중국에 지불해야 하는 지경에 이르렀다. 이처럼 중국은 유럽 상인과 왕실에게 최고의 무역 거래처이자 욕망의 대상이면서도, 영국을 비롯한 유럽의 막대한 은을 고갈시키는 위험 국가였다.

영국은 중국에 엄청나게 쌓여 있는 은을 빼앗고 싶었다. 하지만 유럽의 신흥 강조로 떠오른 영국에도 중국은 아시아에서 가장 넘기 힘든 나라였다. 바다에서는 유럽 국가들이 강력한 함선과 대포를 앞세워 중국을 앞지르는 데 성공했지만, 육지에서는 배에 싣고 온 해군 병력만으로는 중국의 엄청난 규모의 군대를 이기기 힘들었다. 대항해 시대, 유럽의 첫 번째 글로벌 제국건설에 성공했던 포르투갈도 인도 해안가 곳곳에 요새를 세웠지만, 육지 깊숙이 들어가지는 못했다. 1690년, 영국 동인도회사도 내륙으로 세력을 넓히려고 시도했지만 처참하게 실패했다. 중국(청나라)을 무너뜨리기 위해서는 영국에 새로운 전략이 필요했다. 영국이 선택한 새로운 전략은 아편이었다.

은은 고갈되는 자원이지만, 아편은 고갈되지 않는 자원이었다. 영국의 치밀한 전략으로 중국 광저우에서만 수십만 명의 아편 중독자를 양산시켰다. 이를 시작으로 영국과 중국이 부딪혔고, 1839년 광저우 앞바다에서 아편전쟁이 발발했다. 영국 상선 2척과 청나라의 26척 함대, 수적 우세에도 불구하고 청나라는 허무하게 침몰했다. 동인도회사가 직접 개발한 영국 상선 네메시스호는 선체는 철로 둘러 쌓였고, 증기기관과 강력한 함포로 무장하고 있었기 때문이다. 반면, 청나라 함대는 나무 목선이었고, 돛과 구식 대포밖에 갖추지 못했다. 그렇게 영국은 중국을 무역 식민화하는 데 성공,[18] 중국을 넘어서는 전 세계 최고의 패권 국가로 도약하는 문을 열었다.

수백 년 동안, 전 세계 최고 부자 나라이며 강력한 군사력을 보유했던 중국이 영국에 허무하게 무너진 이유는 무엇일까? 중국 명나라는 정화 함대를 끝으로 바다에 더 이상 큰 관심을 두지 않았다. 농업 국가였던 중국은 전통적으로 바다보다는 육지에 큰 관심을 두고 있었다. 바다는 비용만 많이 드는 애물단지에 불과했을 뿐, 중국은 광대한 영토 덕택에 자급자족이 가능했고, 자국이 스스로 해상무역을 개척하지 않아도 다른 나라들이 해상 무역을 시도해왔기 때문에 아쉬울 것이 없었다. 신라처럼 작은 나라가 아니었기 때문에, 스스로 새로운 나라와 해상무역로를 개척하여 부를 늘리는 방식도 별 관심이 없었다. 청나라 강희 황제 시절에는 육지에서 군사력을 강화한다는 명분으로 선박 제조에 다양한 규제를 두기까지 했다. 한마디로, 중국은 자기도취에 빠져서 세계 변화의 흐름에 무관심했다.

영국의 아시아 식민지 정복 전략은 인도도 포함되어 있었다. 당시 영국은 최고의 면직물 생산국이었는데, 영국은 인도산 면직물 국제무역을 독점하고 싶었다. 그리하여 무력으로 인도를 식민지 삼고, 조세징수권을 발동해 인도인에게 세금을 징수했으며, 그 돈으로 다시 인도 면화를 사서 영국으로 보내는 방식으로, 거의 공짜로 인도산 면화를 영국으로 가져갔다. 이에 만족하지 않았던 영국은 인도 면직물을 모방하기 위해 기술 개발에 골몰했고, 결국 대량으로 면직물을 직조하는 기술 개발에 성공했다. 이 신기술을 이용해 영국은 면직물 생산성을 40배 높여서 세계 최고의 면직물 수출국가로 도약하게 되었다. 1784년 80만 파운드였던 면직물 수출액이 1854년에는 3,490만 파운드로 증가했다.

영국은 면직물 국제 무역을 완전히 장악하기 위해 경쟁자를 제거

하는 데도 집중했다. 최고 면직물 생산지였던 인도의 뱅골에서 방직기를 부수고, 인도인 면직 기술자들의 엄지손가락을 잘라 버려서 더 이상 일을 하지 못하도록 하면서 인도 면직 산업 말살 정책을 구사했다. 당연히, 인도의 면직물 시장도 영국이 장악했다. 인도는 영국에 면화를 제공하는 농장으로 전락했다. 인도산 면직물 수출에는 72~100%까지 관세를 붙이고, 영국산 면직물을 인도에 수출할 때는 0~2.5%의 관세만 부과하여 가격 경쟁력도 확보했다. 영국에 면직물 산업을 송두리째 빼앗긴 인도의 경제는 추락했다. 1840년 전 세계 GDP 중 24.5%를 차지했던 인도 경제는 영국에서 독립하던 1952년에는 3.8%까지 줄어들었다.[19]

이렇게 영국은 식민지에서 빼앗아 온 설탕, 면화, 은, 아편 등으로 부국의 기틀을 마련했고, 이를 기반으로 군사력을 키워 20세기까지 세계 최고의 패권 국가 지위를 유지했다. 참고로 영국은 국가 수입의 7%를 산업화에 투자했는데, 그 투자 비용 전체의 80~85%는 식민지에서 착취한 부였다. 그리고 패권을 빼앗긴 아시아와 식민지로 전락한 나라들은 엄청난 규모의 국부를 빼앗겼다. 예를 들어, 이들 나라들은 콜럼버스가 아메리카 신대륙을 발견했던 1492년부터 영국 동인도회사가 무너지기 직전(1600~1708년)까지 무려 181톤의 황금과 은 1만 6,886톤을 착취당했다.

인류 역사가 끝나기 전까지 글로벌 패권 전쟁은 계속된다. 대항해 시대의 마지막 패권을 손에 거머쥔 대영제국이 무너지자, 미국이 새로운 패권국으로 등장했다. 20세기 미국은 소련과 일본의 도전에 맞서 두 번의 패권 전쟁을 치렀고, 두 차례 모두 승리했다.

21세기에 들어서면서 미국은 세 번째 패권 도전에 직면했다. 도전자는 중국이다. 현재 미국과 중국 간의 패권 전쟁은 제3라운드에 접어들었다. 시진핑 제3기와 바이든 행정부 간에 벌어지는 제3라운드다. 미·중 간의 패권 전쟁은 끝나지 않았다. 코로나19로 잠깐 멈춰섰을 뿐이다. 그리고 다시 시작되면, 오바마와 트럼프 시절의 제1, 2라운드보다 더욱 강렬하고 치열한 전쟁이 벌어질 가능성이 크다.

미·중 패권 전쟁: 오바마~트럼프 정부

미국과 중국이 벌이는 글로벌 패권 전쟁(제1차 국면)은 2008년 서브프라임 모기지 사태로 미국 경제가 붕괴하고 달러 신뢰도가 흔들리면서 시작됐다. 오바마 행정부 시절이다. 중국은 기회를 놓치지 않고 G1 야심을 드러냈고, 오바마 행정부는 '차이메리카(미국·중국 의존관계)'를 깨면서 전 세계를 긴장시켰다.

하지만 제1차 국면은 두 국가가 탐색전을 벌이듯 조심스러웠다. 중국은 야심은 드러냈지만, 미국에 강하게 달려들지 않았다. 미국도 '은근한 보호무역주의 태도'로만 일관했다. 탐색전에 머물던 미·중 간 패권 전쟁은 트럼프가 대통령에 당선되면서 제2차 국면으로 발전했다.

트럼프 대통령은 중국과 거침없는 말 폭탄을 주고받았다. 양국은 서로 관세 폭탄도 주고받았다. 긴장감은 고조됐고, 신냉전 시대가 시작됐다는 평가가 줄을 이었다. 하지만 서로 치명상을 입힐 공격은 하지 않았다. 트럼프 대통령은 실리에 민감했고, 시진핑 주석은 중국이 미국을 이기려면 시간이 좀더 필요하다는 것을 깨달았기 때문이다. 또한 실리에 민감했던 트럼프 대통령이 표면적으로 강하게 중국을 압박하는 모습을 연출했지만 뒤로는 중국 시진핑과 공산당이 민감하게 생각하는 인권이나 환경 등 약점을 건들지 않았기 때문이다. 중국이 신장 위구르족 인권이나 홍콩 민주화 시위를 탄압할 때, 미국 의회가 중국 제재를 결의했지만 미적거리면서 실제 행동은 취하지 않았다. 중국 시진핑도 트럼프 대통령의 비위를 맞춰주면서 미국산 수입 물량을 늘리는등 미국을 추가 자극하지 않았다. 한마디로, '온건한 패권 전쟁 국면'이었다.

미·중 패권 전쟁: 바이든 정부

2020년 대선에서 트럼프가 재선에 실패했다. 정권과 의회를 동시 장악하는 데 성공한 바이든과 민주당은 미·중 패권 전쟁의 강도를 한 단계 높였다. 바이든 행정부와 민주당은 겉으로는 신사적이고 합리적으로 중국에 대응하는 것처럼 행동하지만, 실제로는 가장 강렬한 패권 전쟁을 할 것이다.

나는 이 시기를 미·중 패권 전쟁 제3차 국면이라고 칭한다. 나의 예측으로는 바이든 행정부 시기 4년 동안 미·중 간의 패권 전쟁은 트럼프 행정부 시절과 정반대 상황이 될 가능성이 크다. 겉으로는 신사적이고 합리적으로 중국에 대응하는 것처럼 보이지만, 가장 치열한 패권 전쟁 국면이 될 가능성이 크다.

오바마 행정부의 제1차 미·중 패권 전쟁 시절보다 중국은 더욱 강력해졌다. 반면, 미국은 코로나19 기간에 중국보다 상대적으로 큰 충격을 받았다. 코로나19로 미국 국민의 대중국 비호감도도 높아졌다. 바이든 대통령은 집권 초기부터 지지율이 하락하기 시작했다.

2021년 8월 30일, 바이든 대통령은 부시 전 대통령의 '테러와의 전쟁'으로 시작된 20년 아프가니스탄 전쟁을 끝내고 미군 전 병력을 철수시켰다. 아프간 전쟁으로 미국은 인적·물적으로 큰 피해를 봤다. 미국 정부가 20년 동안 아프가니스탄 전쟁에 쏟아부은 돈은 2조 2,610억 달러에 달하며, 현재 미국 정부 부채의 10%를 차지한다. AP 여론 조사를 보면, 미국 국민이나 참전용사 60%가 아프간 전쟁을 '싸울 가치가 없는 전쟁'이라고 생각했다. 미국의 아프간 전쟁 종결과 철군은 미국 국민 대부분이 원하는 일이었다.

하지만 바이든 대통령이 아프간에서 미군의 전면 철군을 단행하자 지지율이 40%대 초반까지 떨어졌다. 10% 정도의 지지율 급락이었다. 바이든 대통령은 물론이고 민주당도 당황했다. 이런 뜻밖의 결과가 나타난 이유는 철수 기간에 바이든 대통령이 보여준 상황 판단 착오, 혼돈과 피해, 아프간인 안전 보장을 위한 후속 조치 미흡, 미국의 위상 실추 등이었다. 한마디로, 정치력과 실행력 미숙 및 실수에 대한 국민의 불만이었다.

바이든 대통령과 민주당은 2022년 중간선거와 2024년 대선을 앞두고 매우 큰 정치적 타격을 입었다. 벌써 트럼프 전 대통령의 재선 가능성 이야기가 나온다. 바이든 행정부가 정치적 위기에서 빠르게 탈출하지 못하면, 2022년 중간선거는 물론이고 2024년에 공화당에 정권을 빼앗길 위기다. 바이든 행정부의 임기 첫해 지지율을 1953년 아이젠하워 대통령부터 트럼프 대통령 때까지 지지율과 비교하면 트럼프와 포드 대통령 시절을 제외하고 모두 뒤처진다.

이런 상황에서 미·중 패권 전쟁에서도 밀리면 끝장이다. 바이든 행정부가 2022년 중간선거 대참패와 2024년 재집권 실패라는 위기를 넘어갈 수 있는 길은 '경제'와 '대중 압박'이다. 대중 압박은 미국 국민과 의회의 공통 정서이면서 미국 선거 승패의 결정적 열쇠를 쥐고 있는 팜 벨트, 러스트 벨트, 오일 벨트 등의 민심, 경제, 일자리 등과 직결되어 있다. 바이든 임기 내내 백악관과 민주당은 중국 공산당 정부가 가장 민감하게 여기고 금기시하는 이슈인 인권과 환경 문제를 직접 공격할 가능성이 매우 크다.

홍콩이나 신장 위그루 자치족, 농민공의 인권 문제는 중국 공산당에게는 체제의 생존과 직결된다. 시진핑 정부의 사활도 걸려 있다. 중국은 다른 나라가 자국 인권 문제를 거론하면 반드시 보복했다. 군사적 위협도 불사하고, 일사항전 의지를 천명했다. 미국이라고 예외일 수 없다. 인권을 최우선 가치와 정부 정체성으로 삼는 바이든 행정부가 중국 내 인권과 환경 문제를 통상무역의 중심으로 끌고 오면 투자 시장도 흔들린다. 암호화폐 시장도 불똥을 피할 수 없다. 하지만 패권 전쟁과 암호화폐 시장의 관계는 이것이 전부가 아니다.

미·중 패권 전쟁의 일곱 가지 영역

일찍이 나는 미국과 중국이 패권 전쟁을 벌이는 일곱 가지 영역을 예측했다. 군비, 무역, 금융, 환율, 산업, 원가, 인재다. 대항해 시대, 포르투갈을 시작으로 영국에 이르기까지 유럽 국가들이 세계 최고 패권국으로 떠오른 비법은 군사력으로 식민지를 삼아 해당 국가의 법을 움직일 수 있게 하고(세금 징수권 획득, 노동력 착취), 기술 개발로 모방과 생산성을 높이고, 관세 전쟁을 통해 가격 경쟁력을 획득하는 것이었다.

현대에도 겉모습은 바뀌었지만 전략의 핵심은 유효하다. 과거 식민지 국가의 법을 움직였던 행위가 현대에는 세계 표준을 자국에 유리하게 만드는 행위로 바뀌었다. 기술 개발로 모방과 생산성 향상을 모색하는 전략도 유효하다. 인공지능, 3D 프린팅, 나노 제조 기술 등으로 영역이 달라졌을 뿐이다. 과거의 관세 전쟁은 자국보호주의 정책과 무역 전쟁과 통화 전쟁으로 대체됐다. 물론 트럼프 시절에는 관세 전쟁 카드마저도 대놓고 사용했다.

단, 현대에는 패권 전쟁에 군비 확장 경쟁은 하지만 군사 전쟁으로 땅을 빼앗는 식민지 확대 전략은 사용하기 꺼린다. 군사력을 동원해서 상대국의 영토를 빼앗는 식민지 쟁탈 전쟁은 제2차 세계대전 이후부터는 경제 식민지 건설로 빠르게 전환됐다. 제2차 세계대전 때, 첫선을 보인 원자폭탄의 위력에 전 세계가 공포감을 느끼면서 '전쟁은 곧 공멸'이라는 공식이 만들어졌기 때문이다. 제2차 세계대전 이후 미국과 소련, 미국과 일본 간의 패권 전쟁부터는 경제적 식민지 건설이 군사 전쟁을 통한 땅 빼앗기 식민지 쟁탈전을 대신하고 있다.

21세기, 미·중 간 패권 전쟁도 마찬가지다. 두 나라가 직접 군사적으로 충돌하는 순간 전 세계 투자 시장은 대공황이나 닷컴 버블기를 능가하는 대폭락을 맞는다. 전 세계 경제도 공황에 빠진다. 양국이 전면전이라도 벌이면, 핵 전쟁으로 미국과 중국이 망할 뿐 아니라 인류도 공멸한다. 이를 잘 아는 두 국가는 경제 전쟁에 온 힘을 집중할 수밖에 없다. 경제 전쟁에서 승리하려면 무역 전쟁, 금융 전쟁, 환율 전쟁, 산업 전쟁(기술 전쟁), 원가 전쟁(에너지 전쟁), 인재 전쟁이 뒤따라야 한다. 단, 전 세계 경제 상황과 미국 정부의 성향이 바뀔 때마다 전투 중심 영역이 전환된다. 〈그림 2-41〉처럼 트럼프 행정부는

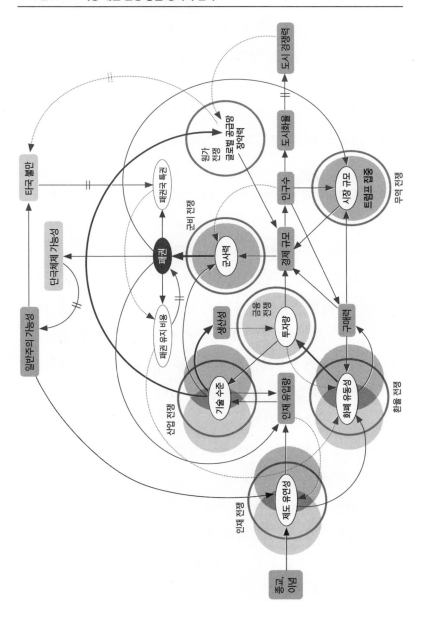

회색 영역에 집중했고, 현재 바이든 행정부는 파란색 영역에 집중한다. 기축통화의 힘은 금융과 환율 전쟁에 직접 영향을 미치지만 나머지 영역에도 큰 영향을 준다.

제1 기축통화국 지위

이상의 일곱 가지 전투 지형 그림에는 나타나지 않지만, 경제 전쟁에서 승리하는 데 필수적인 무기가 하나 있다. 제1 기축통화국 지위다. 나는 제1 기축통화국 지위를 '전가의 보도(가보로 내려오는 보검)'라고 표현한다. 300년 전에 영국은 인도와 중국에서 면화와 차를 수입하는 비용으로 막대한 은과 금이 유출되자, 상대적으로 군사력이 약한 인도는 식민지로 삼았고, 청나라에는 아편을 팔아 그 돈으로 차를 사서 무역적자 문제를 해결했다. 지금은 이런 행동이 불가능하다. 엄청난 도덕적 비난에 처하기 때문이다. 대신, 미국은 과거보다 좀더 교묘한 전략을 고안했다.

미국은 경제 식민지 국가에서 저렴한 가격에 상품을 생산하거나 원자재를 채굴하는 시스템을 만들고, 제1 기축통화국의 지위를 이용해서 원하는 만큼의 달러를 찍어내고, 그 달러를 이용해서 경제 식민지 국가에서 생산된 제품과 원자재를 미국으로 실어 나른다. 미국은 이런 물품을 수입하면서 경제 식민지 국가로 유출된 달러를 미국채와 미국 회사의 주식을 팔아 다시 회수하는 달러 기반 금융 거래 및 투자 시장 시스템을 고안했다.

　미국은 제1 기축통화국 지위를 이용해서 국가 대 국가 간의 결제 플랫폼(금융결제 시스템)인 '스위프트SWIFT(국제은행간통신협회)도 장악하고 있다. 현재 SWIFT를 통한 국제 금융 거래에서 달러와 위안화의 비중은 38.3% 대 2.4%로 달러가 압도적이다. 세계 각국 외환보유액 기준으로도 달러 59%, 위안화 2.3%다. 중국 입장에서는 스위프트를 벗어나고 싶은 심정이 간절할 것이다. 하지만 쉽지 않다. 만약 중국이 아무런 대책 없이 스위프트를 벗어나려고 한다면 미국이 '금융 무기화' 차원에서 중국 금융사의 국제 결제망 참여를 제한하며 강력 대응할 것이다. 미국이 중국 기업을 회계 불투명을 빌미로 미국 거래소에서 퇴출시키듯, 중국 금융사를 스위프트에서 퇴출시키면 중국 은행들은 국제 금융 시장 거래와 참여가 불가능해진다. 미국은 IMF, 세계은행, 국제부흥개발은행 등 국제 은행기구도 장악하고 있다. 현재 중국이 위안화를 국제 시장에서 사용하려면 반드시 이런 시스템을 통과해야 한다.

　또 미국은 전 세계 중앙은행 역할도 한다. 전 세계 중앙은행 역할을 하는 연준이 기준금리를 올리면, 경제 식민지 국가들에서 자산 버블 붕괴가 발생하고 미국의 금융 투자자본은 경제 식민지 국가의 우량 자산을 헐값에 사들이는 부수적 이익도 얻는다. 양털 깎기다. 미국은 이런 통화 및 금융 시스템과 각종 금융 기술, 막대한 달러 자본을 이용해 경제 식민지 국가들에서 생산하는 제품들을 거의 공짜에 가깝게 자국의 것으로 만들면서 가장 부유한 나라의 지위를 유지 중이다. 마치 영국이 차 수입으로 중국으로 흘러 들어간 은을 회수했던 것과 똑같은 효과다.

미국이 이런 시스템을 고안하고 유지할 수 있는 핵심 기반은 제1 기축통화국 지위다. 중국도 일대일로一帶一路 정책을 통해 경제 식민지 확장을 노리지만, 국제 통화 시장에서 위안화의 지위가 낮기 때문에 성과는 크지 않다.

중국이 미국을 뛰어넘으려면, 이런 힘을 가진 제1 기축통화국 지위를 얻는 것이 필수다. 위안화를 제1 기축통화 지위에 올려놓고, 이를 기반으로 한 새로운 국제 통화 거래 및 금융 시스템을 만들어야 한다. 미국이 만들어놓은 달러화 중심 통화 및 금융 시스템 안에서는 경제 전쟁 승리를 위한 유리한 고지를 선점하기가 불가능하다. 그래서 중국은 위안화를 기축통화 지위에 올려놓으려고 오랫동안 노력해왔다.

위안화를 제1 기축통화로 만들고자 하는 중국의 몸부림

2008년 미국발 금융 위기가 발생하자, 전 세계는 미국 경제와 달러화에 강한 의구심을 품었다. 중국이 이 틈을 놓치지 않고 발톱을 드러냈다. 미국을 대신할 새로운 구원자로 중국을 홍보했고, 달러화 불신 여론을 이용해서 위안화의 국제적 지위 향상을 도모했다. 2009년 1월 다보스 포럼에서, 원자바오 당시 중국 총리는 미국 국채는 마음 놓고 사기 어렵다고 목소리를 높였다. 2009년 3월에는 저우샤오촨 중국 인민은행 총재가 나서서 'SDR Special Drawing Rights (특별인출권)'을 달러를 대신할 초국가적 기축통화로 만들자고 주장했다. 2010년 서울에서 열린 G20 정상회의에서는 후진타오가 "(달러를 대체할) 글로벌 기축통화 메커니즘이 만들어져야 한다"라고 말했고, 2011년 1월 〈월스트리트저널〉 인터뷰에서는 "달러 기축통화는 과거 유물"이라며 공격 수위를 높였다.

중국 정부는 여론전을 넘어 금 매수량을 늘리고, 아프리카와 개발도상국들에 경제협력과 지원을 강화하고, 위안화로 국제 무역 거래를 하는 나라들을 점점 늘려가는 등 실제적 행동도 단행했다. 금 보유량은 훗날 제1 기축통화 자리를 놓고 힘겨루기를 할 때 유리한 조건 중 하나다. 10년 넘게 이런 노력을 기울였음에도, 글로벌 시장에서 위안화 지위는 여전히 낮다. 위안화가 달러 지위를 넘으려면 앞으로도 수십 년이 더 필요할 것으로 보인다. 어쩌면 21세기 내내 불가능할 수도 있다. 중국에는 전세를 뒤집을 수 있는 획기적인 반전 카드가 필요하다.

중국이 미국의 견제에서 벗어나서 위안화를 세계적으로 유통하려면 미국이 주도하는 금융결제 시스템을 피해 가야 한다. 방법은 두 가지다. 하나는 중국이 주도하는 국가 간의 새로운 결제 플랫폼(금융 결제 시스템)을 만드는 것이다. 현재 중국은 러시아, 이란 등과 실제로 이에 대해 논의 중이다. 다른 하나는 디지털 위안화를 만들어 기존 암호화폐 시장에서 거래하도록 허용하는 것이다. 그러면 미국이 주도하는 금융결제 시스템을 피해서 위안화를 전 세계에 유통시킬 수 있다. 암호화폐 개발자나 투자자들에게 디지털 위안화와 암호화폐를 연동시키면 파급력은 더욱 커진다. 하지만 이를 위해서는 먼저 해야 할 일이 있다. 비트코인을 비롯한 제1세대 암호화폐 전체를 쳐내는 것이다. 2021년 9월, 중국 정부는 모든 암호화폐를 불법으로 규정했다. 나는 이 사건을 중국 정부가 디지털 위안화를 미래의 제1 기축통화 자리에 올려놓기 위한 장기 전략의 첫 행보로 해석한다. 그 이후로도 중국은 전 세계에서 가장 빠르고 강력한 암호화폐 규제 및 제재를 계속 단행 중이다.

중국은 디지털 위안화 사용 국가를 확대하면서 스위프트와는 다른 새로운 국제 결제 플랫폼도 만들고 있다. 중국이 디지털 위안화를 발행하고 새로운 국제 결제 플랫폼에 연동시켜 일대일로에 동참하는 나라, 중국의 플랫폼 회사나 중국계 빅테크 회사 등을 통해 전 세계에서 통용되게 하면 달러 패권(전 세계 화폐 시장에서 달러 점유율)에 심각한 위협이 된다.

나의 예측으로는 미래 디지털화폐 및 가상세계 안에 새로운 디지털 금융 시스템이 구축되는 것은 정해진 미래다. 그 시점은 시간의 문제일 뿐이다. 그리고 미래 디지털화폐와 가상세계의 디지털 금융 시스템은 현실의 법정화폐와 현실세계의 금융 시스템을 능가할 가 능성이 크다. 중국은 미래 화폐 전쟁 또는 미래 기축통화 전쟁에서 승리하기 위한 장기 전략으로 전환했다.

중국이 CBDC 경쟁에서 앞서 나간다면, 현실세계의 제1 기축통 화국인 미국도 가만히 앉아 있을 순 없다. 디지털 달러 현실화 시간 표를 앞당겨야 한다. 디지털 위안화 가치가 디지털 달러화를 앞지르 면, 미국 돈과 경제에 대한 신뢰도와 기대치가 하락할 수 있고, 미국 시대의 종말을 불러온 결정적 계기로 작용할 가능성이 크다. 현재 미 연준은 연구와 실험 기간이 더 필요하다는 명분으로 CBDC(디지 털 달러) 발행에 신중한 태도를 보인다. 대신, 지금은 메타 등 미국계 빅테크 기업과 미국계 은행을 통해 달러 페그^{peg}(고정·연결)제 기반 스테이블코인 발행으로 맞서는 전략을 구사하고 있다.

하지만 미 연준도 디지털 달러 발행 또는 달러 페그제를 기반으로 한 암호화폐(이자 수신 행위 등은 배제한 결제 수단과 외환 거래 수단에 국한 됨) 지원을 마냥 미룰 수는 없다. 미국과 중국이 CBDC 시행 시기를 앞당기면, 제2 기축통화국인 유로존과 일본도 마음이 급해진다. 그 러면 한국 등 나머지 선진국이나 신흥국들도 자국 화폐의 국제적 영 향력을 보호하기 위해서 CBDC 발행을 고려해야 한다. 그리고 이들 국가는 자국 CBDC의 영향력을 유지하고 확대하기 위해서 제1세대 암호화폐 시장에 대한 규제를 강화할 수밖에 없다. 현재 미·중 패권 전쟁에서 전반적으로는 미국이 우세하지만, CBDC라는 지엽적 이슈에서는 중국이 미세하나마 미국보다 우위에 서 있다. 그리고 미국, 유로존, 일본 간의 경쟁에서는 서로 막상막하다.

패권 전쟁 3라운드: 디지털화폐 전쟁

나는 미국과 중국이 벌이는 패권 전쟁 제3라운드부터 디지털화폐 전쟁을 새로운 전장으로 추가했다. 앞으로 벌어지는 디지털화폐 전쟁이 디지털 제1 기축통화국 지위 전쟁, 미·중 간 현실세계 경제 식민지 획득, 앞으로 무한하게 확장될 가상세계 경제 식민지 획득 전쟁에 이르기까지 강력한 무기로 부상할 것이다.

이런 미래를 암호화폐 투자 시장에 적용해보자. 이런 경쟁은 미래 디지털화폐 시장을 앞당기는 호재다. 하지만 비트코인이나 이더리움 등 제1세대 암호화폐에는 악재다. 미국, 중국, 유럽연합 등이 발행하는 법정 암호화폐에 현재 지위를 넘겨주어야 한다. 현재 위상이 무너지면, 가격은 폭락한다.

미국과 중국이 자신의 살을 베어내고 뼈를 깎아내는 적대 관계로 빠지는 미래는 절대 일어나지 않는다고 낙관론을 펼치는 사람들이 여전히 많다. 중국의 부상은 전통적인 강대국의 길과는 다르고, 21세기는 이념 경쟁의 시대가 아니며, 중국도 이념에 별로 관심이 없고, 시대가 달라져서 패권 전쟁은 없을 것이라는 주장도 여전하다. 중국은 겉으로만 사회주의이지 속으로는 자본주의에 완전히 물들었다는 평가도 드물지 않다. 중국이 옛 강대국들처럼 군사적으로 호전적인 태도를 보이면서 주변국에 불안감을 조성하는 문제는 절대 만들지 않을 것이라고 확신하는 이들도 많다. 한 번쯤 생각해볼 수 있는 미래다. 하지만 내가 예측하는 기본 미래는 다르다. 역사에서 1등의 자리, 황제의 자리, 세계 통치자의 자리는 타협이나 양보가 절대 없다. 인간의 본성에 기반하기 때문이다.

내가 분석한 바에 따르면, 중국은 '절대 스스로 항복하지 않을 나라'다. 중국은 야심이 매우 크다. 아시아 전체를 중국의 역사로 편입하기를 주저하지 않는 나라다. 중국은 과거 황제국의 영광을 유럽과 미국에 빼앗겼다고 생각하고 있다. 중국 정치인과 중국 인민은 자신들이 세계의 중심이며 G1이라는 사상을 버린 적이 없다. 대항해 시대 이후, 글로벌 패권을 서양인에게 빼앗기고 패권을 다시 회복할 때만 기다리고 있을 뿐이다. 중국은 역사상 단 한 순간도 2위에 만족한 적이 없었다.

1949년부터 1976년까지 27년간 중국을 지배했던 마오쩌둥은 "굴을 깊게 파고 식량을 비축하며 패권자라 칭하지 말라"라고 가르쳤다. 겸손한 말이 아니다. 와신상담하며 칼을 갈고 기회를 기다리자는 무서운 말이다. 1956년 8월, 마오쩌둥은 제8차 전인대 예배회의 1차 회의에서 "미국의 인구는 겨우 1억 7,000만 명인데 중국의 인구는 이보다 몇 배는 많다. 그런데 천연자원은 우리와 비슷하게 풍부하고 기후도 우리와 비슷하다. 그러니 우리도 미국을 따라잡을 수 있다. 우리가 굳이 미국을 따라잡아야 하는가? 반드시 그래야 한다"라고 외쳤다.

그를 이어 1976년부터 1989년까지 13년간 중국을 지배했던 덩샤오핑도 "빛을 감춰 밖으로 새지 않도록 한 뒤 은밀히 힘을 기르라"라고 강조했다. 그 유명한 '도광양회韜光養晦 전략'이다. 경제력이 커지자, 중국은 숨은 발톱을 드러냈다. 1989년부터 2002년까지 지도자의 위치에 있었던 장쩌민은 점점 커지는 경제력에 자신감을 가지고 '필요한 역할은 한다'라는 뜻의 '유소작위有所作爲'를 외쳤다. 2002년에 집권한 후진타오는 초기에는 '평화롭게 우뚝 일어서다'라는 '화평굴기和平屈起'를 내세웠다. 하지만 2008년 미국이 심각한 위기에 빠지자, 이빨을 드러냈다. 2010년, 후진타오는 '거침없이 상대를 압박한다'라는 '돌돌핍인咄咄逼人'을 크게 외쳤다. 미국에 대한 전면전 선포였다. 시진핑 주석이 외치는 국가 부강, 민족 부흥, 인민 행복의 세 가지 목표를 실현하겠다는 '중국몽中國夢'은 중국식 우선주의, 과거 G1의 영광을 회복하겠다는 의지를 완곡하게 표현한 말일 뿐이다.

중국이 이처럼 야심을 버리지 않고, 미국의 국익, 제1 기축통화권의 지위와 군사 패권적 지위를 침해하거나 넘어서는 행동을 멈추지 않으면 미국의 행동은 단 하나뿐이다. 강력한 대응과 응징이다. 미국 의회는 미국의 생존 문제가 달린 대중국 전략에서는 언제나 한목

소리를 낸다. 2008년 이후 미국은 앞으로 중국이 아무런 견제도 받지 않고 계속 성장한다면, 제아무리 미국이라 할지라도 중국을 더는 견제할 수 없게 될 때가 온다는 것을 확실히 알게 됐다. 그날이 오면 경제 1위만 내주는 것이 아니라, 패권국의 지위도 잃는다. 패권국 지위를 잃으면 제1 기축통화국 지위와 이득도 잃는다. 미국의 몰락이다. 미국이 이를 모를 리 없다. 이런 상황에서 두 국가가 강대강으로 맞붙으면 '투키디데스의 함정Thucydides trap'에 빠질 수 있다는 경고는 별 의미가 없다. 바이든 행정부는 물론이고 그다음 정부들도 중국에 항복을 받아낼 때까지 절대로 물러서거나 발을 빼지 않을 것이다. 쉽게 물러설 수도 없고, 적당한 수준에서 타협하지도 않을 것이다.

물론, 현대 패권 전쟁에는 과거와 다른 점이 있다. 300년 전처럼, 패권 전쟁에서 맞붙는 두 국가 중에 한 국가가 일방적으로 몰락의 길을 가지는 않을 것이다. 당시에는 유럽과 맞붙은 인도나 중국 경제가 몰락했다. 지금은 완전한 식민지 체제로 만들어 약탈에 준하는 경제 수탈이 힘들다. 미·중 간 패권 전쟁에서 중국이 미 국채를 더 사주고, (1985년 일본과 독일처럼) 위안화 가치를 상향하여 자국의 무역 흑자를 줄이면 미국과 타협할 여지도 생긴다. 미·중 패권 전쟁도 결국 경제적 이득이 핵심 목표이기 때문이다. 뒤집어 말하면, 미국은 중국이 이런 행동을 취하기 전까지 대중국 경제 전쟁, 패권 전쟁을 멈추지 않을 것이다. 미국은 에너지 자립을 했기 때문에 에너지 전쟁은 중국 견제용으로만 사용한다. 미국이 중국에 원하는 것은 '그

옛날 영국이 인도를 자국에 면화를 제공하는 농장으로 전락시킨 것'
처럼 중국을 미국을 위한 공장으로 전락시키는 것이다. 중국을 2위
또는 그 아래로 꿇어앉히고 아시아의 좋은 시장^{good market} 역할만 잘
하게 만드는 것이다. 이 과정에서 제1세대 암호화폐 시장은 물론이
고 디지털화폐 시장 전체가 요동칠 것이다.

디지털화폐 전쟁에 집중하는 중국의 또 다른 목적

중국이 디지털화폐 전쟁을 서두르는 이유가 하나 더 있다. 미래 디지털화폐 시장을 장악하여 대외적으로는 미국과의 패권 전쟁에서 승기를 잡는 것이 목적이지만, 자국 내에서 전 국민을 감시하고 통제하는 강력한 도구 중 하나로 사용하기 위해서라는 숨은 목적도 있다. 즉, 디지털화폐를 빅브러더 욕망을 이루기 위한 핵심 도구로 여기는 것이다. 이유는 분명하다. 돈의 움직임을 낱낱이 들여다보고 그 흐름을 장악할 수 있다면, 국민을 감시·통제·관리하는 데 매우 유리하기 때문이다.

중국은 2022년 2월 4~20일에 열리는 베이징 동계 올림픽을 계기로 디지털 위안화 사용 범위를 확대한다. 디지털 위안화에 대해 정부가 나서서 지급보증도 해주는 등 당근책도 적극 사용한다. 중국 사업자들에게는 디지털 위안화를 사용한 결제를 거부하지 못하도록 강제도 했다. 디지털 위안화에 법정화폐 기능을 전부 부여한 것이다. 채찍도 사용한다. 중국 정부는 중국 내 빅테크 기업을 강력하게 길들이고 있다. 여기에는 세 가지 목적이 있다.

빅테크 기업 길들이기

첫째는 말 그대로 빅테크 기업 길들이기 또는 감시 강화다. 한때 구글 검색 결과 순위에서 하위로 추락하거나 빠지면 회사가 망하던 시절이 있었다. 지금은 앱스토어나 SNS, 동영상 플랫폼이 기업 마케팅과 매출의 핵심이다. 이런 플랫폼 서비스들은 회사 홈페이지를 대체하고 업무에 필수 공간이다. 소비자를 모으고 묶고 관리하고 소통하는 핵심 채널이 됐다. 소비자들이 이런 플랫폼 서비스들 안에서 제품과 서비스를 거래할 때 생성된 빅데이터는 기업이 가장 귀중하게 여기는 자산이다. 이런 서비스를 제공하는 구글, 메타, 애플 등 글로벌 플랫폼 회사들은 시장에서 갑 중의 갑 위치에 선다. 이들이 독점 체제를 유지하면서 비상식적인 이득을 올려도, 개별 기업들은 맞서 싸우기가 쉽지 않다. 이들이 제공하는 플랫폼에서 배제되는 순간 매출이 곤두박질치기 때문이다.

하지만 슈퍼 갑 행세를 하는 천하의 애플이나 구글도 위챗 같은 중국의 초대형 플랫폼 기업에는 쩔쩔맨다. 텐센트가 만든 위챗은 중국 14억 인구 중 12억 명이 사용한다. 위챗은 단순한 SNS 기능만 가진 앱이 아니다. 앱 안에 자체 운영 앱스토어까지 탑재하고 있다. 위챗 사용자들은 내장된 앱스토어에서 금융, 부동산, 교육, 게임, 각종 행정 서비스 등 다양한 앱을 추가로 다운로드받을 수 있다. 위챗은 위챗페이도 가지고 있다. 애플이나 구글 입장에서 보면 자신들의 통행료 수익을 가로채는 모델이다. 하지만 구글이나 애플은 위챗을 자사 앱스토어나 하드웨어 생태계에서 빼거나 기능을 제한시키지 못한다. 12억 명에 달하는 중국의 소비자들 때문이다. 애플의 아이폰이나 구글 서비스에서 위챗을 퇴출시키거나 사용 제한을 걸면 애플이나 구글의 피해도 커진다. 중국 소비자들이 애플이나 구글을 버리고 다른 스마트폰을 구입하거나 다른 모바일 서비스로 빠져나갈 가능성이 크기 때문이다. 트럼프 행정부도 대중국 압박을 하면서 틱톡은 강력하게 제재했지만, 위챗은 고강도 제재를 하지 못했다. 위챗을 제재하면 애플 스마트폰 판매량이 20~30% 급감하면서 미국의 출혈이 커질 것을 우려했기 때문이다.[20]

이런 위력을 가진 중국의 빅테크 기업을 두려워하는 이들이 더 있다. 중국 공산당이다. 무소불위의 권력을 가진 시진핑 정부도 이들의 위세와 대국민 영향력을 경계한다. 위챗은 수십만의 기업 회원과 12억 개인 유저를 보유하고 있다. 출생신고, 길거리 음식값 결제, 금융 및 투자, 기업의 대내외 업무 활동에 이르기까지 중국 국민과 기업의 생활과 비즈니스 전반에 관여한다.

이런 영향력을 가진 기업이 하나 더 있다. 알리바바다. 알리바바는 중국 내 플랫폼 시장을 텐센트와 양분하는 빅테크 기업이다. 10억 명의 중국인이 사용하는 알리바바는 아마존과 겨뤄도 손색이 없는 전자상거래를 중심으로 중국 내에서 거대한 생태계를 형성하고 있다. 2019년 기준, 알리바바 소유의 알리페이는 중국 디지털 결제 시장의 55%를 장악했다. 위챗페이의 점유율 38.9%보다 높다. 개인 대출도 5억 명, 중소기업 대출은 2,000만 개 회사가 이용 중이다.

알리바바와 텐센트, 이 두 회사는 아마존이나 스타벅스처럼 빅데이터로 실시간 학습하는 인공지능을 기반으로 중국 기업과 중국인의 마음과 일상생활을 사로잡고 있다. 빅데이터 규모가 커질수록 이들이 훈련시키는 인공지능 역량은 더욱 향상되고, 인공지능 역량이 향상될수록 서비스 혁신이 이뤄지고 비즈니스 효율성도 높아진다. 시장 영향력과 국가 장악력도 커진다. 중국 정부가 무서워하는 것이 바로 이것이다. 시진핑 정부는 이런 힘과 영향력을 가진 거대 플랫폼 기업이 공산당 통제에서 벗어나면, 홍콩이나 신장 등의 현실 거리에서 일어나는 반정부 시위보다 더 무서운 존재가 될 수 있다고 생각한다.

중국 정부의 우려는 곧 현실로 나타났다. 2020년 10월 24일 상하이에서 열린 금융 서밋에서 알리바바 창업자 마윈馬雲 회장은 이강易綱 인민은행장을 비롯한 중국 당국자들 앞에서 중국 금융 시스템에 대한 불만을 공개적으로 드러냈다.

"중국 금융에는 시스템 리스크가 없다. 왜냐하면 시스템 자체가 없으니까."

"오늘날 중국 은행은 압류와 담보로 버티는 전당포의 연속일 뿐이다. 빅데이터를 바탕으로 한 신용 체계로 바뀌어야 한다."

"미래는 창의력 경쟁이지, 감독 기술 경쟁이 아니다."

"기차역 감독하던 방식으로 공항을 감독할 수는 없다."

마윈의 의도는 인공지능과 빅데이터 시대에 맞게 새로운 금융 시스템이 필요하다는 것을 역설하려는 것이었다. 하지만 공산당 입장에서는 자신들의 통치 방식과 맞서는 모습으로 보였다. 중국 정부는 앤트그룹 상장을 전격 중단시키고, 마윈과 앤트그룹 경영진도 소환했다. 중국 금융감독 당국은 '플랫폼 경제 영역 반독점 지침' 초안을 발표했다. 온라인 소액대출 기업의 자기자본 확충 강화, 1인당 대출 금액 제한 등 강력한 규제책도 일사천리로 발표했다. 중국 정부의 신속하고 거침없는 일련의 조치들은 단순히 감정적 대응이나 충동적 행동이 아니었다. 국가 권력 기관을 능가할 정도로 영향력이 커지는 거대한 플랫폼 기업에 대한 본격적인 견제이자 주도권 전쟁의 선전포고였다. 2020년 9월에 열린 당 중앙위원회 연설에서 시진핑 주석은 민간 기업가들이 중화민족의 위대한 부흥을 위해 사회주의 통일전선에 적극 나서라고 압박했다. 중국 경제 발전은 국유경제가 주도적 역할을 하는 '국가자본주의'라는 점을 재확인시켰다.

빅테크 기업의 데이터를 국민 감시 도구로 사용하기

둘째는 빅테크 기업이 가진 데이터를 정부의 통제하에 두면서 국민 감시 도구로 사용하기 위함이다. 중국 정부의 알리바바 등을 비롯한 중국 내 빅테크 기업 길들이기 또는 감시 강화는 더 큰 그림을 그리기 위한 사전 단계에 불과하다. 중국 정부의 큰 그림은 최첨단 기술을 도구 삼아 전 국민 감시를 강화하여 공산당 독재체제를 공고히 하는 것이다.

마오쩌둥은 국민당과의 내전에서 승리하고 중화인민공화국을 창설한 후 철저한 주민 감시 시스템을 만들었다. 시진핑은 최첨단 기술을 활용해서 국가적 감시 시스템을 최고 수준으로 올려놓았다. 중국의 사회관계망 서비스들은 사람들의 말을 감시하고, 문제를 일으킬 소지가 있는 이들을 추적한다. 중국 정부가 플랫폼 회사를 압박하는 것은 겉으로는 인터넷상에서 인신공격을 일삼거나 사회적 물의를 일으키는 사람들을 걸러내고 이용을 제한하고 감시하라는 책임을 다하라는 명분이지만, 속내는 중국 공산당의 감시 시스템 역할을 하라는 것이다.

디지털 위안화로 자금 흐름을 추적하고 국민 감시 강화하기

이런 빅브러더 목적을 완성하는 데 디지털 위안화는 필수다. 중국 정부라면 알리페이, 위챗페이 등 중국 빅테크 기업들의 디지털 페이를 디지털 위안화로 한순간에 대체할 가능성이 충분하다. 중국 내 모바일 경제 시장 규모는 2019년 기준으로 189조 위안(약 3경 2,500조 원) 정도다. 이 시장을 디지털 위안화로 완전히 대체하면 중국 정부의 자금 흐름 추적과 국민 감시 역량이 향상된다. 이것이 중국 정부가 중국 내 빅테크 기업을 강력하게 길들이고자 하는 세 번째 목적이다.

중국 인민은행이 발행하는 디지털 위안화는 블록체인 기술을 그대로 사용하지 않고, 블록체인 기술을 응용해서 처리 속도를 높인 기술인 CBEP^{centural bank electronic payment} 기술을 사용한다. 겉으로는 처리 속도를 높인 신기술이라고 말하지만, 속으로는 국민을 감시하는 데 유용하게 기술적 변화를 꾀했을 가능성이 크다.

음흉한 정치 전쟁의 도구로 전락한 디지털화폐

디지털화폐를 음흉한 정치 전쟁의 도구로 사용할 수 있는 나라는 더 있다. 북한처럼 독재자가 통치하는 나라들이다. 나는 북한과 관련하여, 2030년경에 북한이 최첨단 IT 미래 기술을 활용하여 북한 주민을 완전하게 통제하고 감시하는 'IT 기술 전체국가 시스템'을 완성하는 시나리오를 발표했다. CBDC는 IT 기술 전체국가 시스템을 완성하는 데 필수 조건이다.

이런 미래는 2020년부터 2022년까지 코로나19가 전 세계를 흔들면서 국민 불만이 커지는 독재국가에서 충분히 일어날 수 있다. 코로나19 기간 극빈국 또는 독재국가에서는 사망자 수를 공식 집계할 수 없을 정도로 엄청난 피해를 봤다. 국민의 두려움과 피로감도 극에 달했다. 정부의 무능으로 수많은 사람이 죽어가고, 더 독한 양극화, 사회적 갈등과 혐오, 대정부 불만이 오랫동안 지속되면 그다음은 국민의 봉기다. 국민의 힘으로 정권을 교체할 수 있는 선거 제도를 가지고 있는 나라에서는 권력 지형이 평화롭게 바뀌지만, 그렇지 않은 나라에서는 혁명이 일어난다.

진일보한 감시·통제 시스템

중국의 예를 들어보겠다. 코로나19가 발발하자, 중국 정부는 정보를 은폐하고 진실을 알리려는 의사와 지식인들의 입을 틀어막았다. 강력한 통제와 사회 감시망을 사용해서 감염자와 사망자 숫자를 줄이는 데 성공했다. 하지만 중국 내부에서 2억 명이 넘는 농민공이 직장을 잃게 될 것이라는 우려가 나오자 공산당은 잔뜩 긴장했다.[21] 중국은 사회안정을 위해 지출하는 예산이 국방비 규모를 넘은 지 오래다.[22] 그동안 각종 사회적 불만과 정치인들의 부패 문제, 인권과 민주주의 요구를 돈으로 막아온 것이다.

경제 위기는 중국 공산당의 무장 해제를 의미한다. 액체인 물이 임계 온도에 도달하기 전까지는 여전히 물이다. 하지만 임계 온도에 도달하면 순식간에 액체에서 기체로 상전이相轉移가 일어난다. 사회도 마찬가지다. 국민의 불만이 임계점에 도달하면 불만이 혁명으로 상전이된다. 중국은 미국과 패권 전쟁을 벌이는 것을 두려워하지 않는다. 반면 자국민이 국가를 대상으로 갖는 불만은 두려워한다. 사회학적으로, 군중의 힘을 혁명으로 전환시키는 에너지는 메시지(정보)다. 중국 정부가 언론과 미디어, SNS를 감시·통제·차단하는 이유가 이것이다.

중국은 코로나19 팬데믹 사태가 일어났을 때도 언론과 미디어, SNS를 철저하게 감시하고 통제했다. 하지만 이전과 다른 점이 하나 있었다. 바로, 미래 신기술을 활용한 지능적인 감시·통제·차단으로 한 단계 진일보했다는 것이다. 일명 'IT 전체주의'로의 진입이다. 중국은 전국에 깔린 CCTV, IoT(사물인터넷) 센서, 5G 통신, 스마트폰과 각종 인공지능 알고리즘을 통해 14억 인민을 24시간 밀착 감시할 수 있는 국가 감시 시스템이 가능하다는 것을 보여줬다. 중국 내 빅테크 기업의 데이터까지 장악하고 디지털 위안화가 전국적으로 사용되는 단계에 감시 시스템은 획기적으로 진화할 것이다.

북한 김정은 정권이나 제3 세계의 독재국가들도 중국 정부만큼 시민 혁명을 두려워한다. 언젠가는 혁명이 일어날 것이며, 혁명의 주 타깃이 현재 권력을 잡고 있는 자신들이라는 사실을 잘 알고 있다. 북한 김정은 정권이 핵 무력 완성을 외칠 때마다 미국과 한국 때문에 체제 위협을 느낀다고 말하지만, 내심 걱정하는 것은 내부에서 시작되는 체제 불안정성이다. 나는 북한 김정은 정권을 비롯한 제3세계 독재국가들이 중국의 IT 전체주의를 통한 성공적 전 국민 밀착 감시 사례를 면밀히 지켜보고 분석했을 가능성이 크다고 판단한다. 그리고 앞으로 중국 공산당 정부가 디지털화폐를 도입하면서 빅브러더 또는 IT 전체주의를 완성해가는 과정도 그대로 학습할 가능성이 크다고 예측한다.

디지털화폐 전쟁의 틈을 노리는 북한 김정은 정권

북한은 전 세계 상위 클래스에 들 정도의 IT 기술을 보유하고 있다. 앞으로 북한 김정은 정권이 자체 개발하거나 중국의 도움을 받아 인공지능 기술을 CCTV·개인컴퓨터·인터넷과 연결해서 주민의 외부 활동을 감시하고, 지문인식·홍채인식·안면인식 등을 통해 건물 안에서 움직임과 출입을 관리하게 되는 인프라 구축에 성공하면, 모든 북한 주민을 더욱 철저하게 감시할 수 있다. 인공지능을 활용한 범죄 예측 기술도 확보한다면 민중봉기나 군사 쿠데타를 사전에 걸러내는 데 사용할 수도 있다. 인공지능이 자료를 분석하고 예측하기 때문에 24시간 빈틈 없는 감시도 가능해진다.

김정은 정권은 이미 인적 기반 전 국민 감시 시스템에서는 세계 최고다. 여기에, 중국식 IT 감시 시스템을 갖추고 디지털화폐까지 접목할 경우에는 지구상에서 가장 강력한 주민 감시 시스템을 완성할 가능성이 매우 크다. 이런 감시 시스템을 완성하면 북한 일부 주민이 인터넷을 사용하고, SNS 등 소셜미디어나 유튜브 활동 등을 해도 문제가 없다. 인터넷을 통해 인민들이 무엇을 말하고, 무엇을 불평하고, 무엇을 요구하는지 실시간으로 모조리 파악할 뿐 아니라 디지털화폐의 움직임을 통해 돈과 소비 흐름까지 통제 및 관리할 수 있기 때문이다. 그러면 불만을 가진 주민이나 쿠데타 모의 세력을 추적하고 색출하기가 더 쉬워진다.

북한 김정은 정권이 인공지능과 IT 기술을 활용해서 전 국민 감시 시스템을 만든다면 북한 주민의 반발이 거셀 것이라고 주장하는 사람도 있을 것이다. 하지만 실상은 다르다.

중국의 예를 들어보겠다. 중국 위챗에 설치되는 앱 중에는 사용자의 반경 500미터 안에서 채무 불이행자를 찾아주는 서비스가 있다. 앱을 작동시키면, 주위에 채무 불이행자가 많을수록 앱에서 작동하는 레이더 그림이 붉은색으로 바뀐다. 목록에서 한 명을 클릭하면 그 사람이 가진 채무 금액, 거주지, 신상 정보 등 각종 개인 정보가 표시된다. 놀라운 사실은 중국 사람들이 이런 기능을 가진 앱을 좋아한다는 것이다.

심지어 중국 정부는 이런 기능들이 사회신용제도라는 이름하에 활발하게 사용되도록 허용했다. 중국 금융 당국은 이런 앱을 통해 채무 금액, 돌아다닌 장소, 인터넷상의 언행, 무단 횡단 횟수, 공공장소에서의 흡연 횟수 그리고 비디오 게임을 얼마나 구매했는지, 가짜 뉴스를 얼마나 퍼 날랐는지, 무엇에 '좋아요'를 클릭했는지 등을 종합적으로 평가해서 신용 점수를 매긴다. 사회적 신용 점수가 높아지면 대출을 받는 데 유리하고 각종 혜택도 주어진다. 신용 점수가 하락하면 블랙 리스트에 오르고 각종 제약이 뒤따른다. 2013년 이후, 블랙 리스트에 올라서 자동으로 비행기 탑승이 거부된 횟수는 600만 건, 법정을 모독한 이유로 고속열차 티켓 구매를 거부당한 횟수는 200만 건이었다.

당연히, 중국 정부는 정부에 위협이 되는 인물들을 추적하고 관리하기 위해 이런 모든 정보를 직접 들어보기를 원한다. 하지만 겉으로는 대부분의 국민이 좋아하는 탁월하고 혁신적인 신용 평가 시스템이다.[23] 북한 김정은 정권이나 제3 세계 독재자들도 이렇게 빅브러더 시스템을 구축할 수 있다.

코로나19 와중에 자라난 독재의 싹

북한이나 제3 세계 독재자들만 이런 욕망을 품고 있을까? 아니다. 선진국 정치인 중 일부도 이런 욕망을 마음에 품고 있을 것이다. 물론 이들에게도 명분은 필요하다. 코로나19와 같은 팬데믹 대재앙은 이들이 사용할 수 있는 훌륭한 명분이다. 21세기 내내 팬데믹이나 치사율이 높은 전염병의 발발이 반복될 가능성이 매우 크다. 전염병은 시장을 망가뜨리고, 실업률을 높이고, 인플레이션율을 높이면서 서민을 괴롭힌다. 현재 고통은 깊어지고 미래 불안은 커진다. 필연적으로 정부의 역할 강화 목소리가 나온다. 거대 정부가 귀환하고, 정부가 위기 극복의 최전선에 나서야 한다는 목소리가 커질수록 독재 정치에 대한 대중의 반감은 줄어든다. 사회적 혼란을 잠재우고 무너진 경제를 빠른 시간에 재건하려면 초법적이거나 초의회적인 통치가 필요하다는 명분이 힘을 얻기 때문이다. 독재는 우파든 좌파든 가리지 않는다. 민주주의든 사회주의든 이념도 가리지 않는다. 대중이 우파를 원하면 우파 독재가 나오고, 좌파를 원하면 좌파 독재가 출현한다.

미래의 새로운 독재자라고 할 때 히틀러, 스탈린, 김정은 등만을 떠올리면 안 된다. 민주적 절차에 따라 권력을 획득한 권력자나 그룹도 독재정치를 할 수 있다. 대중의 지지를 등에 업고, 기존 법률을 무시하고, 헌법 권한을 넘어서는 위험한 행보를 서슴지 않거나 권위주의적 성향을 드러내거나 전체주의 신념을 적극 구사하면 독재가 된다. 초법적 행위가 부담되면 법을 고쳐서 '합법적'으로 만들어 기업이나 국민의 자유를 침해하고 권리를 제한하면 된다. 여기에 최첨단 IT 기술이 확보되고 CBDC까지 통용되고 있다면, 법을 고치지 않아도 얼마든지 무대 뒤에서 국민을 감시할 수 있다.

민주주의 사회 또는 선진국에서 설마 이런 일이 일어날까 하는 의

심이 들 수 있다. 과도한 우려라고 말할 수도 있다. 하지만 인간의 욕망은 선진국과 후진국을 가리지 않는다. 민주주의와 공산주의를 가리지 않는다. 차이점이라면, 단지 시행 방식이 다를 뿐이다. 대놓고 하느냐, 아니면 몰래 하느냐의 차이다.

2020년 코로나19가 전 세계를 강타하자, 헝가리 총리는 행정명령 권한을 사용해서 국가 비상사태를 무기한 연장했다. 비상사태 시에는 법과 체제를 무시해도 되기 때문이다. 이보다는 약한 수준이었지만, 코로나19 대재앙 기간에 위기 극복을 명분으로 특정 권력 그룹이나 정부가 국민 통제를 강화하는 나라가 많았다. 이스라엘의 베냐민 네타냐후Benjamin Netanyahu 총리는 테러리스트를 추적하는 데 사용하는 감시 기술을 코로나19 확진자 추적에 사용하는 법안을 의회에 제안했다. 의회는 즉각 거절했다. 하지만 네타냐후 총리는 국가 비상사태라는 명분을 가지고 긴급명령을 내려 사용 허가를 밀어붙였다.

영국에서는 코로나19 확산을 막기 위해 정부가 시민을 제재할 권한을 갖는 비상 법안을 통과시켰다. 프랑스 의회는 정부가 영장 없이도 개인의 집을 수색하고 강제 연금시킬 수 있는 법안을 통과시켰다. 제3 세계나 후진국은 더욱 심했다. 캄보디아는 코로나19 비상법안에 언론 규제와 무제한 감청을 허용하는 조항을 삽입했다. 필리핀 로드리고 두테르테Rodrigo Duterte 대통령은 긴급 연설에서 격리 조치 위반자는 총으로 사살해도 좋다고 선포했다.[24] 이런 정치인들에게 디지털화폐는 국민을 통제하는 데 강력하고 매우 유혹적인 도구다.

CRYPTO
CURRENCY
NEXT
SCENARIO

제3부

완전히
다른 세상이 온다

디지털화폐 생존으로 향하는 문, 메타버스

암호화폐의 중장기적 미래에 영향을 미치는 마지막 변수는 '메타버스'다. 나는 앞으로 펼쳐지는 메타버스 세상이 디지털화폐의 미래를 활짝 여는 문이 될 것으로 예측한다. 장기적으로, 메타버스 세상이 확대될수록 디지털화폐의 종류가 다양해지고 사용 범위가 넓어질 것이며, 메타버스 세상에서 작동하는 새로운 디지털 금융 시스템도 탄생할 것이다.

2020~2021년 코로나19가 현실 세상을 멈춰 세웠다. 코로나19 이전에도 메타버스는 '이미 정해진 미래'였다. 하지만 2년간 이어진

대혼란의 틈을 비집고 더욱 빨리 우리 곁으로 다가왔다. 메타버스 metaverse는 초월 또는 이면이라는 뜻을 가진 'meta'와 세상이라는 뜻을 가진 단어 'universe'가 합쳐진 신조어다. 현실세계를 뛰어넘는 '현실보다 현실 같은 3차원 가상세계'를 일컫는다. 이 개념은 새로운 것이 아니다. 이 개념이 처음 등장한 것은 1992년 미국 SF 작가 닐 스티븐슨 Neal Stephenson의 소설 《스노 크래시》에서다. 2009년 출간한 《2030 부의 미래지도》에서 나 역시 '3단계 가상혁명'이라는 시나리오를 통해 예측했던 미래다. 나의 3단계 가상혁명 시나리오로 설명하자면, 제2차 가상혁명 초기에 나타나는 모습이다.

린든랩의 3차원 가상세계, 세컨드 라이프

3차원 가상세계의 모습이 등장한 지도 오래됐다. 과거에 가장 유명했던 3차원 가상세계 커뮤니티는 '세컨드 라이프 Second Life'라는 인터넷 서비스다. 세컨드 라이프는 캘리포니아대학교를 졸업하고 린든랩을 창업한 필립 로즈데일 Philip Rosedale이 2003년에 시작한 서비스다. 로즈데일은 《스노 크래시》에서 영감을 받아 3차원 가상현실 Virtual Reality, VR 플랫폼 서비스를 만들었다. 나도 이 서비스를 눈여겨봤고, 이곳에 3차원 가상미래연구소를 설립하고 다양한 강의와 모임을 시도해봤던 기억이 난다.

린든랩이 만든 3차원 가상세계 서비스 안에서는 다양한 사회, 정치, 경제, 금융 및 기업 활동이 가능했다. 암호화폐는 아니지만, 게임 내에서 통용되는 사이버 머니를 달러로 환전할 수 있었다. 개인 간의 커뮤니티 활동은 물론이고 가상의 땅을 개발해서 이익을 남기고 파는 부동산 사업까지 할 수 있었다. 실제로, 이곳에서 각종 사업을 벌여 수십만, 수백만 달러에 달하는 큰돈을 번 사례가 언론에 보도되면서 인터넷 세계에서 큰 주목을 받았다.

세컨드 라이프는 IT 시장의 중심으로 떠올랐다. IBM 같은 기업은 이곳에 가상 사무실을 열고 고객 서비스나 기업 교육 등을 실시했다. 정계에서도 이 서비스에 관심을 갖고 사이버 정당 활동을 활발하게 진행했다. 한국의 유명 대학교들도 세컨드 라이브 서비스 안에서 3차원 가상공간 캠퍼스를 열고 각종 행사와 수업을 진행했다. 독자들이 코로나19 기간에 메타버스 서비스에서 경험했을 대부분의 활동이 이미 세컨드 라이프에 존재했다. 이런 폭발적인 인기를 등에 업고, 창업자 로즈데일은 2006년 〈타임〉이 선정한 '영향력 있는 100인'에 포함되기도 했다.

하지만 2008년에 들어서면서 세컨드 라이프의 인기가 갑자기 시들해졌다. 미국발 금융 위기가 전 세계를 강타하면서 운영난이 겹쳤고, 세컨드 라이프의 주 고객이었던 10대들이 트위터와 페이스북 등 웹 기반 SNS 서비스로 옮겨가면서 회사 가치가 하락했다. 당시는 IT 산업의 흐름이 컴퓨터에서 스마트폰과 태블릿PC 등 모바일 서비스로 대이동이 시작되던 시기였다. 3차원 가상 서비스에서 활동하려면 막대한 컴퓨팅 자원이 필요하다. 하지만 초기 스마트폰과 태블릿PC 등 모바일 기기들은 3차원 가상 서비스 구동에 필요한 높은 컴퓨팅 사양을 갖추지 못했다.

대세로 떠오르기 시작한 모바일 기기에서 구동하기 힘들어지자, 10대 유저들이 빠른 속도로 이탈했다. 세컨드 라이프의 경쟁자였던 페이스북이나 트위터 등 웹 기반 서비스는 모바일 기기로 쉽게 이동할 수 있었다. 결국 세컨드 라이프 서비스 운영 회사인 린든랩은 기업 가치가 폭락했고, 많은 직원이 회사를 떠나면서 서비스가 크게 위축돼 유저들의 관심에서 멀어졌다.[25]

나는 세컨드 라이프 서비스가 대중의 관심에서 멀어진 또 다른 이유가 있다고 생각한다. 3차원 가상 서비스가 원활하게 돌아가려면 컴퓨팅 자원도 중요하지만 통신 서비스 수준도 매우 중요하다. 특히 미국의 경우에는 한국보다 통신 서비스 발전 속도가 느리다. 느린 인터넷 환경에서 3차원 가상 서비스를 끊김없이 돌리기는 매우 어렵다. 기업이 세컨드 라이프에서 소비자를 만나거나 직원 교육 또는 회의를 할 때 느린 인터넷 환경 탓에 만족감이 크게 떨어졌다. 특히 속도에 민감한 10대 유저들의 마음을 오랫동안 붙들기 어려웠다.

성큼 다가온 초연결 지구 시대

그럼에도 나는 가상세계가 글과 이미지로 만들어진 2차원 세계를 넘어 3차원 가상세계로 발전하는 것은 '이미 정해진 미래'라고 예측했다. 그리고 2019년, 5G 시대가 열렸다. 5G는 초당 1Gb 데이터를 주고받는 통신 시스템(고화질 영화 한 편을 다운로드받는 데 2~3초면 충분함)이다. 가상현실이나 증강현실Augmented Reality, AR 콘텐츠를 완벽히 구현할 수 있다. 데스크톱이나 노트북 등 개인용 컴퓨터의 성능도 비약적으로 발전했다. 스마트폰과 태블릿PC의 성능 역시 더욱 빠르게 발전해서 개인용 컴퓨터 수준에 도달했다. 그리고 2020~2021년 전 세계가 코로나19 팬데믹 환경에 빠지면서 반강제적으로 비대면 환경에서 생활하고, 일하고, 놀고, 경제적 활동을 해야 하는 초유의 상황에 처했다. 한마디로, 3차원 가상세계 서비스가 폭발할 수 있는 모든 조건이 갖춰진 셈이다.

코로나19가 종식된 이후, 몇 년 안에 통신 서비스는 5G에서 6G로 발전한다. 6세대 통신 서비스 기술에서는 수중 통신도 가능하다. 이 시기가 되면 인공위성을 활용한 인터넷 서비스도 확대된다. 전세계 어디서든 음영 지역 없이 3차원 가상 서비스를 이용할 수 있을 정도로 전파 송출 범위가 확대된다. 미국의 방위고등연구계획국DARPA, 중국 공업정보화부, 한국의 통신 회사들도 6G 연구에 속도를 내고 있다.

6G는 4G 서비스와 비교할 때 전송 속도가 100배 이상 빠르다. 6G 서비스가 상용화되면 가상과 현실의 실제적 통합이 기술적으로 가능해진다. 이 시기가 되면, 3차원 가상현실 기술은 교육·훈련만이 아니라 심지어 가상 섹스에 이르기까지 다양한 영역에서 사람들을 놀라게 할 것이다. 2040년 이후에는 4G보다 1,000배 빠른 7G 시대도 열릴 것이다. 7G 서비스는 사람이 존재하는 모든 공간을 네트워크화함은 물론이고 우주까지 하나의 통신 시스템으로 연결한다. 이른바 '초연결 지구' 시대가 열린다.

6G∼7G 상용화 시대가 되면, 지구 어디서나 '실시간 통신'과 '완벽한 3차원 가상세계' 구현이 가능해진다. 이 시기가 되면 홀로그램, 가상현실, 지금보다 1,000배 빠른 통신 기술, 휴먼 인터페이스, 입는 컴퓨터, 3D 그래픽 및 디스플레이, 인공지능 등이 서로 완벽하게 연결되어 강력한 시너지를 내면서 상상을 초월하는 가상세계를 만들어낼 것이다. 현실보다 더욱 현실 같은 가상세계가 펼쳐지면, 현실에 존재하는 거의 모든 서비스와 활동이 가상세계에서 구현된다. 물론 현실세계에 존재하는 금융 및 투자 서비스와 시스템도 가상세계에서 구현된다. 그리고 그 중심에 미래 디지털화폐가 서게 된다.

가상세계 3단계
발전 시나리오

앞서 이야기한 미래 변화를 이해하려면, 내가 발표했던 '가상세계(가상혁명) 3단계 발전 시나리오'를 상기해볼 필요가 있다.

제1단계 가상세계(1차 가상혁명)

제1단계 가상세계(1차 가상혁명)는 컴퓨터와 인터넷의 개발로 시작됐다. 현실세계의 활동과 아날로그 대상들 일부가 0과 1, On과 Off

신호가 만들어내는 디지털 가상세계에서 작동하기 시작하는 단계다. 나는 경이로운 인류 발전의 첫 번째 기틀이 현실세계를 아날로그 문자로 기록할 수 있는 기술이었다면, 아날로그 문자로 된 정보를 디지털화할 수 있는 기술은 인류 발전의 두 번째 기틀이라고 평가한다. 아날로그 문자가 인류의 의사소통과 협업의 첫 번째 혁명이었다면, 가상공간 안에서 디지털 기술로 의사소통과 협업을 하는 것은 두 번째 혁명이다. 첫 번째 혁명은 인간 간 의사소통과 협업이 가능하게 했고, 두 번째 혁명은 인간과 인간이 시간과 공간의 한계를 뛰어넘어 소통하고, 인간과 기계가 의사소통하고 협업할 수 있게 했다.

제1단계 가상세계는 다시 2단계로 나뉜다. 첫 번째 단계는 인간의 생각, 감정, 상상을 1차원의 점과 선(문자)으로 주고받는 시기다. 두 번째 단계는 인간의 생각, 감정, 상상을 3차원 현실로 재생하여 소통하는 시기다. 나는 제1단계 가상세계를 현실과 공간이 서로 경계를 뚜렷이 하고 구별된 단계라고도 부른다.

제2단계 가상세계(2차 가상혁명)

제2단계 가상세계(2차 가상혁명)는 현실세계Real world와 가상세계Cyber world의 경계가 파괴하는 시기다. 제1단계 가상세계에서는 모니터를 경계에 두고 가상과 현실의 구분이 명백했다. 제2단계 가상세계에서는 모니터를 통해 만들어진 가상공간과 현실공간의 경계가 파괴된다. 가상세계에서는 글과 이미지로 구성되는 2차원 서비스가 밀려나고 3차원 가상 서비스가 중심에 선다. 심지어 햅틱haptic 기술이 접목되면서 가상 촉감까지 전달하는 4차원 가상 서비스도 대중적 인기를 끌게 된다.

제2단계 가상세계 시대에 등장하는 각종 신기술은 유저가 스마트폰이나 컴퓨터 모니터를 통하지 않고도 가상공간에 자유로이 드나들 수 있게 해준다. VR, AR, MR Mixed Reality(혼합현실) 등 다양한 기술덕에 현실 위에 가상이 입혀질 수도 있고, 가상이 현실의 수준을 넘어서서 더 현실 같은 세상을 만들 수도 있으며, 현실과 가상이 동시에 한곳에 존재할 수도 있게 된다. 유저 입장에서는 가상이 현실로 튀어나오고, 현실이 가상으로 흡수되는 듯한 착각에 빠지게 된다.

제2단계 가상세계가 완성되면, 3차원 또는 4차원 가상공간에 파리, 뉴욕, 런던, 아프리카 초원, 수천 미터 깊이의 바다, 화성 등을 만들어놓고 여행을 다니는 시대가 열리게 된다. 당신이 원한다면 만나고 싶은 세계적인 스타들도 가상 여행지에 오게 할 수 있다. 제2단계 가상세계 시대에는 인간과 농담을 나누고 감성까지 표현하는 인공지능이 가상공간과 연결되면서 가상 여행이 현실 여행보다 더 나은 경험을 줄 수 있게 될 것이다. 지금보다 한층 발전한 인공지능은 당신이 가장 원하는 체험을 하도록 가상 여행지를 선택해줄 것이다.

제2단계 가상세계 시대는 인간의 뇌를 직접 속이는 IT 기술들이 급속히 발전하는 단계다. 인간의 뇌는 현실과 가상을 구별하지 못하는 특성이 있다. 각종 가상현실 기술이 뇌의 이런 특성을 이용한다. 현재 기술은 뇌의 다양한 신호를 컴퓨터에 입력할 수 있는 단계까지 발전했다. 뇌에 직접 가상을 주사하는 수준의 가상현실^{VR} 기술은 2030년 이후에 상용화될 것으로 전망된다. 그 이전이라도 제2단계 가상세계 초기에는 헤드마운트디스플레이^{HMD}를 통해서 얼마든지 가상의 사람이나 물건을 실제처럼 연출할 수 있고, 가상공간에서 쇼핑·운동·게임을 즐길 수 있는 가상의 여행지를 만들어낼 수 있다. 햅틱 기술이 장착된 웨어러블 컴퓨팅 장치도 가상 여행과 더 흥미롭고 알찬 여행에 일조할 것이다.

웨어러블 기기들이 서로 연동되고 지능형 사물들과 통신하면, 사용자의 몸뿐만 아니라 주위 상황까지 동시에 인지하여 빅데이터를 생산하게 된다. 이를 '어웨어러블^{awareable} 시대'라고 부른다. 이런 시대가 열리면 나에게 가장 적합한 여행지를 추천해주는 것은 물론이고, 가장 적합한 선물이나 음식, 기억에 남을 만한 장소, 내가 가장 감동받을 만한 이벤트 등을 개인맞춤형으로 제공하는 일도 가능해진다.

제2단계 가상세계 시대가 완성되면 가상 커뮤니티, 게임, 방송 등 미디어 생태계 전체가 통합되는 환경이 도래할 것이다. 게임은 예술과의 경계를 허물 정도로 발전하게 될 것이다. 이미 오래전부터 컴퓨터 게임은 가상세계에 대한 환상을 줬다. 제2단계 가상세계가 완성되면 지금보다 몇십 배 진화한 가상 환경에서 게임을 하고, 대화를 하고, 쇼핑을 하고, 각종 미디어를 소비할 것이다. 제2단계 가상세계 시대에 게임은 게임이 아니라, 컴퓨터가 만든 세상에서 실제처럼 살게 하는 플랫폼이 될 것이다. 현실의 놀이와 가상의 놀이를 통합하고, 인간의 모든 활동에 관여할 것이다. 현실과 가상의 경계를 깨트리는 가상세계의 발전은 가상과 게임을 통합하고, 게임과 미디어의 경계도 무너뜨린다. 기존 지상파 방송과 케이블 방송도 3차원 가상세계에 통합될 것이며, 유튜브 등 인터넷 미디어도 3차원 가상세계에 편입될 것이다. 일명 '대체현실Substitutional Reality, SR' 미디어 시대의 시작이다.

제2단계 가상세계 시대의 미디어는 유저의 개인 취향과 일정에 맞게 맞춤화된 경험 스토리를 제공하고 강력한 실시간 직접 소통을 지향하는 서비스로 전환될 것이다. 현재처럼 '1:대중'을 지향하는 방송은 사라진다. 생존하더라도 마이너리티로 전락한다. 대체현실은 다양한 기술을 통해 사람의 인지 과정에 혼동과 착각을 발생시켜 가상세계의 경험이 현실을 대신하거나 마치 실제인 것처럼 인지하도록 하는 기술이다. 3D, 리얼 컬러, 몰입을 통해 옆에서 벌어지는 일을 전지자 관점에서 보듯이 생생한 화질을 전달하는 대체현실 미디어는 지금의 가상현실이 주는 몰입감을 능가할 것이다. 시청자의 마음속을 거울을 보듯 들여다보고, 시청자를 가상의 세계로 데려가고, 가상의 세계를 시청자의 눈앞에 데려오는 것이 가능해지면서 방송에서 구사할 수 있는 스토리의 한계가 사라지고 무한히 확장될 것이다.

촘촘히 개인화된 경험이 가능할수록 사회적 상호작용이라는 인간 본성의 외침도 강렬해질 것이다. 양립할 수 없는 것처럼 보이는 두 가지 욕구가 미래의 기술에 의해 공존할 수 있게 될 것이다. 개인화된 경험을 다른 사람들과 공유할 때 더욱 개인화될 수 있다는 접근법이 만들어질 것이기 때문이다. 어제 경험이 끝난 것을 사회적 상호작용을 통해 오늘 다시 음미하고 기억함으로써 경험을 재구성하고 연장하게 하는 기술이 등장할 것이기 때문이다. 최종 완성된 제2단계 가상세계에서 미디어를 소비하는 장소는 지금보다 1,000배 빠른 네트워크 속도를 기반으로 자동차, 홀로그램, 길 위, 3D 가상세계 안 등 다양해질 것이다.

제2단계 가상세계의 시기는 생각의 변화, 생활의 변화, 일하는 방식의 변화도 만든다. 더 많은 사람이 과거보다 좀더 평등해진다는 느낌을 찾으려 3차원 또는 4차원 가상세계에서 활동하는 시간을 늘릴 것이다. 현실을 능가하는 가상세계에 빠져들며 몰입도를 높일 것이다. 구글 회장 에릭 슈미트Schmidt의 말처럼 현실세계는 여전히 불평등이 지속되거나 더 악화될 수 있지만, 가상세계는 똑같은 기본 플랫폼, 정보, 가상 자원을 누구나 최저 비용 또는 무료로 접근하게 해주기 때문에 사람들이 보다 평등해진다는 느낌을 받게 한다.[26]

제2단계 가상세계의 시기에는 계속 발달하는 가상세계 기술 덕에 교육, 비즈니스, 사회 참여 측면의 불평등과 같은 힘든 문제들을 해결할 수 있는 실마리가 제공될 것이다. 후진국이나 가난한 사람들을 지배하는 비효율적인 시장, 시스템, 물리적 장벽, 행동을 개선하거나 효율성을 높이게 될 것이다. 디지털화폐의 발전과 거래 범위의 확대도 이런 변화에 한몫을 할 것이다.

과거에는 한 나라를 성장시키는 데 엄청난 자본, 기술 이전, 산업 형성 등이 필요했다. 그러나 제2단계 가상세계 시대에는 모바일 인프라, 저렴한 스마트 디바이스, 3D 프린터, 디지털화폐 등을 가지고도 국가 차원의 큰 변화를 시도해볼 수 있다. 예를 들어, 콩고의 여성 어부들에게 기본 기능만 갖춘 아주 저렴한 휴대전화를 갖게 했다. 그러자 과거에는 매일 잡은 물고기들을 시장에 내놓고 하루하루 시간이 지날수록 상하는 물고기를 속절없이 쳐다만 봤던 이들이 이제는 물고기를 강 한쪽에 가두어뒀다가 고객에게 전화가 오기를 기다리며 판매할 수 있게 됐다. 값비싼 생선 보관용 냉동고도 필요 없고, 더 멀고 더 큰 시장에까지 나가지 않아도 된다. 제2단계 가상세계 시대에는 스마트폰이나 각종 가상현실 디바이스를 통해 3차원 가상세계에 접속하여 지구 반대편 지역의 어부들과 소통하면서 시장 규모를 더 넓힐 수 있고, 다양한 디지털화폐를 이용해서 국제 금융 시장에서 통화 거래와 투자를 할 수도 있다.

2012년, MIT 미디어랩이 한 가지 실험을 했다. 에티오피아 초등학생들에게 교육 앱이 깔린 태블릿PC를 제공하고 사전 지도나 교사 없이도 영어 문장을 쓰고 읽게 하는 실험이었다. 결과는 어땠을까?

단 몇 달 만에 완전한 영어 문장을 쓰게 하는 데 성공했다.[27] 제2단계 가상세계 초기에 집입한 지금도 중국이나 동남아의 내륙 산간 오지에 있는 사람이 다른 대륙에 있는 유능한 변호사의 법률 조언을 받을 수 있고, 유능한 의사에게 자신의 건강 상태에 대한 상담을 받을 수 있다.[28]

제2단계 가상세계 시대가 완성되면, 네트워크(관계망), 신체 에너지, 시간, 공간, 돈, 지식(두뇌)을 보다 효율적으로 사용할 수 있는 환경이 만들어지면서 절대적 빈곤과 지역적 고립의 문제에 대해서도 한 단계 더 발전한 해법이 나타날 수 있다. 가난한 나라에서는 절대적 빈곤과 질병 문제를 해결받고, 선진국 국민들은 더 많은 물건을 스스로 만들어내고 판매할 수 있다. 자기만의 특별한 사양과 요구를 충족할 새로운 기회를 얻게 된다. 가상의 길Virtual Road을 통해 실제 세상의 시장이 확대되고 마케팅 비용도 제로에 가까워져 간다.

제2단계 가상세계 시대에는 3차원 또는 4차원 가상공간을 더 많이 사용함으로써 지구 반대편의 사람들과 한 차원 높은 소통과 교류, 완벽한 오감 연결도 가능해진다. 현실세계에서 경험했던 대부분의 사회생활이 가상공간에서 실시간으로 가능해지는 것이다. 홀로그램이나 로봇 등을 활용하면 가상의 나를 내가 원하는 어느 곳으로든 즉시 이동시킬 수 있다. 물리적인 국경이나 언어의 장벽을 완전히 극복하고 내가 만나고 싶은 사람, 알지 못했던 사람, 이질적인 지역에 있는 사람들과 가상의 공간에 모여 대화하고, 경제활동을 하고, 마음을 나누는 일이 가능해진다.

제2단계 가상세계의 시기가 완성 단계에 이르면, 가상 국가나 가상 공동체, 가상 금융 시스템의 힘도 커질 것이다. 가상 금융 시스템은 모든 디지털화폐를 글로벌 단위에서 거래하고 보관하고 투자상품으로 만들어 유통하는 새로운 글로벌 금융 플랫폼이다. 디지털 플랫폼이기 때문에 빠르고, 효율적이고, 공격적으로 확산될 수 있다. 가상 국가나 가상 공동체는 같은 철학, 관심사를 가진 사람들이 가상세계에서 상호연결성interconnectedness을 갖고 집단적 행동을 하는 가상 사회공동체 플랫폼이다. 디지털 플랫폼이기 때문에 물리적 공간의 제약에서 벗어나 무한한 개수의 가상 공동체를 만들 수 있다. 살아 있는 인간들의 공동체이기 때문에 자연스럽게 정치, 경제, 비즈니스, 미디어, 종교, 사회규범 등의 모든 활동이 이뤄진다. 그 자체로 세계다. 작으면 마을, 크면 국가처럼 작동할 수 있다. 현실과 동일한 사회 활동과 비슷한 구조를 갖출 수 있기에 현실 공동체인 마을, 집단, 국가 등과 거의 모든 부분에서 경쟁 구도를 형성할 수 있다.

다음은 내가 예측하는 3차원 또는 4차원 가상세계가 형성 및 확대되는 조건들이다. 몇몇은 이미 현실이 됐고, 나머지는 계속해서 만들어질 것이다.

■ 가상세계 형성 조건들

- **가상의 땅(영토)**: 2차원 가상의 땅에서 3차원 가상의 땅으로 발전 중이다. 텍스트 ➡ 2D ➡ 3D ➡ 휴먼 인터페이스 & 햅틱 ➡ 가상현실 & 홀로그램 ➡ 유비쿼터스 네트워크 환경 ➡ 인공지능 ➡ 뇌 인터페이스

- **가상의 시민**: 2차원 아바타에서 3차원 아바타로 발전 중이다. 2D 아바타 ➡ 3D 아바타 ➡ 인공지능 + 개인 빅데이터 ➡ 뇌 연결 아바타 ➡ 인간 정신 이식으로 최종 발전

- **생산에서 교역에 이르기까지 가상의 경제활동**: 가상 실물경제와 가상 금융경제 활동이 이루어져야 한다. 가상세계의 실물경제는 가상의 재화와 서비스를 거래하는 것부터 현실의 재화와 서비스를 결합하는 것까지 다양한 조합이 가능하다. 가상세계의 금융경제도 가상의 디지털 금융상품을 거래하는 것부터 시작하여 현실과 가상에서 동시에 사용되는 미래 디지털화폐의 유통까지 다양한 조합이 가능하다.

- **가상세계 관리 행정 시스템**: 가상세계에도 현실 국가나 공동체처럼 안정적 운영과 사회 발전을 관리·감독하고 유지, 지원하는 행정과 치안을 담당하는 시스템이 필요하다.

- **가상 방위 시스템**: 가상세계에도 외부적 공격에 국가나 공동체를 방어할 수단이 필요하다. 다른 가상국가의 공격이나 현실세계의 해킹 공격을 방어할 방위 체제(강력한 보안 시스템)가 필요하다.

- **가상 공동체 및 국가 자치 시스템:** 현실세계처럼 가상세계도 국가나 도시 또는 작은 공동체(마을)의 틀을 갖추려면 가상 시민들의 자치 행위가 필요하다.

제3차 가상세계(3차 가상혁명)

내가 예측하는 마지막 단계는 제3차 가상세계(3차 가상혁명)다. 가상세계의 궁극적 단계이고 최종 완성이 될 것이다. 기술의 발전이 임계점을 넘어가면, 기술의 자기 생성 충동이 일어나면서 '제3차 가상혁명'이 일어나 제3단계 가상세계로 진입할 것이다.

이 단계에서는 가상과 현실이 완전히 하나가 된다. 구별이 없어지고, 모호해지고, 무의미해진다. 모든 가상 기술이 인간의 뇌에 직접 주사되는 방식을 통해 뇌를 영구히 속일 수 있는 단계까지 이른다. 인간의 뇌는 현상과 물자체^{Ding an sich}를 구별하지 못한다. 18세기 철학자 이마누엘 칸트^{Immanuel Kant}는 《순수이성비판》에서 인간의 이성은 사물의 본질을 정확하게 인식하지 못한다고 비판했다. 인간은 감각을 가지고 있기에, 감각을 통해서만 사물을 인식한다. 칸트는 이렇게 감각을 통해 인식한 사물을 '현상'이라고 불렀다. 그리고 감각과 별도로 존재하는 사물을 '물자체'라고 불렀다. 감각 기관을 통해서만 세상을 보는 인간의 뇌는 감각기관을 거치지 않고 직접 뇌에 주사되는 0과 1로 만들어진 가짜 현상도 실제 현상과 구별하지 못한다. 둘 다 똑같은 현상으로 인식한다. 영화 〈매트릭스〉에 나오는 장면을 기억하는가? 초인공지능이 사람의 뇌에 가짜 디지털 세상을 주입해서 가상과 현실을 구별하지 못하도록 한다는 시나리오다. 나는 이론적으로 가능한 미래라고 본다. 제2차 가상세계까지는 가상세계를 인간이 작동시키지만, 제3차 가상세계 시대에는 강한 인공지능이 가상세계를 작동시킨다.

제3차 가상세계가 현실이 되면 기술은 인류에게 '환상 시대'라는 새로운 문을 열어줄 것이다. 말 그대로, 환상이 현실이 되는 시대다. 인간이 생각하는 모든 환상을 가상세계 안에서 실제로 구현하고 체험할 수 있다. 그 세계에서 평생 살 수도 있다. 마약보다 더 강한 즐거움, 자아도취, 자아실현을 가능하게 하는 시대가 열린다. 가상과 현실이 완벽하게 통합되어 인간과 가상과 현실의 모든 사물이 연결되면, 인간의 두뇌와 몸이 생물학적 발전의 한계를 극복하는 것도 가능해진다. 인간의 지능이 모든 사물에 속속들이 스며들면서 사물을 자신의 정신과 근육처럼 사용할 수 있는 시대가 된다. 미래학자 레이 커즈와일Ray Kurzweil이 예측한 것처럼, 인간의 지능이 모든 물질과 에너지 속으로 스며들고 이를 조정하는 능력에 이르면서 지구라는 공간의 한계를 벗어나 먼 우주까지 정신과 행위의 영역을 넓히는 것도 가능해질 수 있다.[29]

이런 미래를 예측하면, 지금 현실세계에서 통용되는 달러나 원화 등 은행권 화폐가 그 모습 그대로 미래에도 존재하리라는 확신을 갖기 힘들어진다. 가상이 현실을 지배하고, 디지털이 아날로그를 지배하고, 환상이 실제를 지배하는 시대가 되면 현재 현실세계에 존재하는 거의 모든 것은 힘과 권력을 상실하고 소멸하거나 마이너리티로 전락하게 된다. 새로운 가상세계에 적합한 새로운 것들이 부상하여 힘과 권력을 갖게 된다. 화폐의 미래도 '절대' 예외가 아니다.

신의 프로토콜, 미래의 디지털화폐를 지배하는 알고리즘

이런 미래 변화를 가장 먼저 포착하고 조용하게 움직이는 기업들이 있다. 구글, 애플, 테슬라, 아마존, 스타벅스 등 가상세계를 지배하는 데이터 신들이다.

스타벅스의 새로운 선택

2008년, 금융 위기가 발발하자 스타벅스는 일부 매장을 정리해야 하는 위기에 빠졌다. 당시 회장이었던 하워드 슐츠Howard Schultz는 새로운 전략을 구상했다. 커피 사업에서 가장 중요한 것은 매장 입지다. 그는 매장 위치 평가와 선택에 대한 의사결정을 빅데이터를 기반으로 한 과학적 분석과 평가 전략으로 바꾸었다. 2008년 금융 위기 이전에도 스타벅스는 빅데이터를 활용했다. 하지만 부수적이었고, 사람의 경험과 생각을 우선했다. 2008년 이후, 슐츠는 '빅데이터 퍼스트'를 선언했다.

이것이 끝이 아니었다. 인공지능 기술이 비약적으로 발전하자, 빅데이터로 인공지능을 학습시켜서 매장 후보 지역의 인구, 소득 수준, 문화 환경, 교통, 경쟁사 존재 등에 맞는 신규 매장 위치와 향후 매출, 이익 등을 예측하게 했다. 인간의 경험은 보조 자료로 사용했다. 현재 스타벅스는 3만 개가 넘는 전 세계 매장에서 주당 1억 건씩 발생하는 빅데이터로 인공지능을 계속 훈련시켜 고객의 문제·욕구·결핍을 찾아내고, 새로운 고객 서비스 및 프로모션 아이디어나 비즈니스 모델을 실험한다.

스타벅스처럼 데이터를 장악하는 능력이 있는 기업이 인공지능 기술을 보유하면, '데이터의 신'으로 변신하면서 제조업부터 서비스업까지 시장 전반에 걸쳐서 무서운 파괴자가 된다. 시대 변화를 앞서가는 스타벅스의 능력은 이것이 전부가 아니다. 스타벅스는 커피업계 최초로 모바일 앱을 도입해 새로운 시대적 흐름을 주도했다. 간편 결제 시스템도 커피 업계에서 가장 먼저 도입했다.

2018년 기준, 스타벅스페이는 전 세계에서 2,340만 명이 사용하고 미국에서만 선불카드 예치금이 2조 원이나 쌓여 있다. 같은 시기 아마존페이 사용자 2,200만 명, 구글페이 1,110만 명, 삼성페이 990만 명을 뛰어넘는다. 하워드 슐츠는 스타벅스페이에 쌓인 예치금을 암호화폐로 바꿔서 전 세계 어디서나 환전 없이 결제하고, 이를 기반으로 투자·예금·대출 등 금융 업무를 가능하게 하는 계획도 발표했다. 코로나19 이전에 이미 남미 아르헨티나의 현지 은행과 제휴하여 커피뱅크라는 오프라인 은행도 개설했다.

나는 이런 기업들을 눈여겨보고 있다. 이들의 미래 전략을 분석해보면, 디지털화폐의 미래를 엿볼 수 있기 때문이다. 나는 이들이 자사 플랫폼의 신뢰성과 보안성을 확보하기 위해 신의 프로토콜(통신 규약)인 블록체인 기술을 사용할 것이 확실하다고 예측한다.

최초의 암호화폐 비트코인의 탄생

1997년, 닉 서보Nick Szabo가 '신의 프로토콜The God Protocol'이라는 짧은 논문에서 블록체인 아이디어를 제안했다. 그가 제안한 아이디어는 모든 거래에서 중개자 없이 경제적 활동이 가능하도록 프로토콜이 지명한 '신뢰받는 제3자'를 거래의 중심에 두자는 것이었다.[30] 신뢰받는 제3자는 가상 컴퓨터 안에 존재하는 '수학적으로 신뢰할 만한 프로토콜'이다. 프로토콜 참여자는 다른 사람의 세부 거래 내용은 볼 수 없다. 하지만 거래가 일어날 때 발생하는 로그 기록을 감시하고, 숫자 계산이 정확하고 서로 일치하는지 등의 무결성을 감시하는 주체가 되어서 탄탄한 평판 시스템 기반The Basis for Solid Reputation System을 구축하는 데 일조한다.[31]

2008년, 나카모토 사토시Nakamoto Satoshi라는 가명을 사용하는 인물에 의해서 서보의 아이디어가 구현됐다. 사토시는 서보의 '분산 계산 방식' 아이디어를 이용해서 은행을 거치지 않고 개인 대 개인 간 전자결제가 가능한 새로운 프로토콜을 개발했다. 사토시가 만든 수학적으로 신뢰할 만한 프로토콜은 자발적으로 모인 엄청난 개수의 분산 디바이스들 위에 거래 기록이 담긴 '분산원장distributed ledger'을 블록체인 방식으로 구축한다. 블록체인이란 10분마다 네트워크 안의 모든 거래가 참여자의 디바이스에서 동시에 검증되고, 계산한 내용을 하나의 블록에 저장하고, 이 블록을 네트워크에 참여하는 모든 개인 컴퓨터에 동시에 복사하여 저장하고, 이 컴퓨터들을 병렬 사슬(체인)로 묶은 것이다. 네트워크 안에서 10분마다 계속해서 새로 만들어진 블록은 이전 블록과 직렬로 연결되어 긴 체인을 계속 형성한다. 이렇게 최초 거래부터 시작된 모든 거래 역사가 하나로 묶여 엄청난 길이의 직렬 사슬(체인)이 형성된다.

이렇게 정보가 직렬과 병렬로 촘촘히 묶이면 해킹 방어 능력도 높아지고, 정보 신뢰성을 감사해줄 제3자(중재자)의 개입이 없이도 '장부(기록)'의 신뢰성을 확보할 수 있다. 블록체인을 해킹하려면 10분 이내에 네트워크상에 분산된 원장 전체를 동시에 해킹해야 하고, 거래 역사도 완전히 조작해야 한다. 시공간 전체를 해킹해야 하는 원리다. 이런 구조하에서 해킹 가능성은 특정 블록체인 안에 참여하는 구성원의 숫자에 달려 있다. 참여 숫자가 많아 긴 체인을 만들수록 해킹 가능성은 줄어든다. 반대로, 참여 숫자가 적어 체인이 짧을수록 해킹 가능성은 커진다. 이것이 수학적 암호화, 분산(병렬), 블록(직렬)으로 만든 '분산형 신뢰 프로토콜 네트워크Distributed Trust Protocol Network' 기술이다. 여기까지는 암호화 기술이다.[32] 《블록체인혁명》의 저자 돈 탭스콧Don Tapscott은 블록체인은 복식부기 발명과 같은 역사적 사건이며, 복식부기가 자본주의와 국민국가 성장에 큰 기여를 했듯이, 코드화하여 디지털로 기록할 수 있는 모든 것에 적용되는 블록체인도 인류 문명 발전에 크게 기여할 아이디어라고 평가했다.[33]

나는 미래에는 분산원장과 블록체인 방식이 양자암호 체계와 결합되면 정보조작 방지 기능이 한층 강화되면서 3차원 가상세계 플랫폼은 물론이고 완전자율주행 자동차, 바이오생명공학, 생체보안, 나노 분야에서도 사용될 수 있을 만큼 더욱 강력한 디지털 보안 시스템으로 발전할 것으로 예측한다. 여기에 기존의 네트워크나 디바이스 자체에 적용한 보안 기술도 발전하여 결합되면 보안의 새로운 역사가 시작될 것이다. 구글, 애플, 테슬라, 아마존, 스타벅스 등 가상세계를 지배하는 데이터 신들은 자사 플랫폼의 신뢰성과 보안성을 확보하기 위해 블록체인 기술을 사용할 것이다.

중재자나 중개인을 없애고, 보안 기술을 향상시키고, 데이터 관리와 감시 기술을 향상시킨 블록체인 기술은 보안·금융·보험·부동산·자산관리·투자·무역·유통·환경·농축산물 거래·법·저작권 등에서 이미 존재하는 기존 시장의 지배자를 교체하는 기술이다. 모든 거래에 들어가는 비용을 줄여 개인의 소비 여력을 향상시켜줄 뿐 아니라, 인터넷처럼 특수한 집단의 경제적 이익을 개인에게 분산시켜준다. 중재자·중개인·대리인의 힘을 약화시키거나 역할을 없애고, 소비와 거래의 주체인 개인의 영향력을 향상시켜주며, 경제에서부터 정치에 이르기까지 각종 거래나 의사결정 과정에서 개인의 직접 참여를 이끌어준다. 중재자·중개인·대리인이 계속 유지되더라도 그들을 감시하는 기능을 강화해주며, 그들이 갖던 독점권을 약화시켜 지불 비용을 낮춰주고, 그들의 권력을 약화시켜 개인과 동등하게 만들어준다. 가상세계를 지배하는 데이터 신들이 이 기술을 사용하지 않을 이유가 없다.

하지만 내가 주목하는 것은 블록체인 기술을 보안 도구로 사용하는 것만이 아니다. 나는 이들이 제3자(중재자)의 개입 없이 '장부(기록)'의 신뢰성을 확보하는 블록체인의 장점을 이용하여 소비자들이 믿고 사용할 수 있는 새로운 디지털화폐의 발행을 시도할 것으로 예측한다. 나카모토 사토시는 수학적으로 신뢰할 만한 프로토콜을 만들면서 개인 컴퓨터를 블록체인의 분산 서버처럼 사용하도록 강제할 수 없기에 보상으로 주는 유인책도 고안했다. 비트코인이라는 암호화폐다. 2008년 8월 18일, 비트코인이라는 이름으로 도메인(bitcoin.org)이 등록됐고, 2009년 1월 3일 그리니치 표준시 18시 15분 05초에 최초의 블록(거래 기록 묶음)이 생성되면서 최초의 P2P 기반 디지털 암호화폐 비트코인이 탄생했다.

데이터 신들이 자체 암호화폐를 발행한다면?

앞서, 블록체인의 견고성 수준은 분산원장을 형성하는 데 참여하는 분산 디바이스의 숫자에 달려 있다고 설명했다. 이미 강력한 규모의 회원을 확보한 스타벅스, 구글, 메타, 애플 등 글로벌 빅테크 기업들은 분산 디바이스 참여 규모를 매우 빠르게 늘릴 잠재력을 가지고 있다. 이런 잠재력을 가진 기업들이 자체 암호화폐를 발행하면 어떤 일이 벌어질까? 스타벅스처럼 자체 페이 시스템에 전 세계에서 2,340만 명의 사용자를 확보하고 수조 원의 선불카드 예치금까지 쌓아두고 있는 기업들이 자체 암호화폐를 발행하면 어떤 일이 벌어질까? 그들이 자사 회원에게 제공하는 마일리지 포인트, 상품권, 선불카드 예치금 등을 자사 암호화폐로 전환하거나 이를 기초자산으로 하여 암호화폐를 발행하면 어떤 일이 벌어질까? 한발 더 나아가, 이런 암호화폐를 투자 시장에서 거래시키면 어떻게 될까? 욕망이 더 큰 기업은 새로운 디지털 금융 거래 및 투자 시스템도 직접 만들고자 할 수도 있다.

나는 이 기업들이 제3자(중재자)의 개입 없이 '장부(기록)'의 신뢰성을 확보하는 블록체인의 장점을 이용하여 소비자들이 믿고 사용할 수 있는 새로운 화폐를 발행하는 시도를 하는 미래가 반드시 올 것으로 예측한다. 이들은 메타버스 트렌드를 주도하면서 3차원 가상세계 플랫폼을 장악하고, 3차원 공간에서 새로운 미래 시장을 창조하고, 새로운 거래의 기준을 만들고, 새로운 미래 디지털화폐를 발행하여, 미래 시장 경제를 조절하는 권력을 선점하려는 전략을 구사할 것이다. 자신들이 만든 3차원 가상세계 플랫폼이 수억 명의 사용자를 확보하면, 자신들이 발행하는 디지털화폐가 그곳에서는 기축 화폐의 권위를 갖게 된다. 이런 전략이 성공하면, 시뇨리지^{Seigniorage} 효과도 덤으로 얻게 된다. 시뇨리지는 돈을 거래하는 데서 발생하는 명목 교환 가치에서 돈을 발행하는 데 드는 실제 발행 비용을 뺀 만큼의 이익을 말한다. 그 이익은 이들 기업의 새로운 이윤 영역이 된다. 이런 이익은 플랫폼에 참여하는 숫자가 많을수록 커진다. 시뇨리지 효과가 커질수록 새로운 파괴자의 힘도 커지고, 힘이 커질수록 시장 파괴력이 더 커지는 순환 효과가 일어난다.

참고로, 블록체인 기술이 완벽하다는 생각은 시기상조다. 블록체인 기술이 뛰어나고 미래 잠재력도 크지만 환상을 가지면 안 된다. 블록체인에도 단점이 있다. 블록체인은 '기록된 평판', '기록된 데이터'

의 정확성만 보장할 뿐이다. 신용 전체, 즉 개인 자체의 신용이나 기록되지 않은 평판, 물건 자체의 품질을 보장하는 기술이 아니다. 중재자 또는 중개인의 사기를 피하고, 이들에 의해 발생하는 비용을 없애주는 기술이어서 기록에 대한 신뢰성이 필요한 곳에서는 모두 사용할 수 있다. 하지만 실물 자체를 속이면 조작된 실물에서 얻어낸 기록 자체가 오염되기에 '장부(기록)의 신뢰성'이 의미가 없어진다.

블록체인 기술을 사용하는 데에는 새로운 비용도 발생한다. 예를 들어 30억 달러 가치의 비트코인을 보호하고 처리하는 데 필요한 장비를 유지하기 위해서는 1년 동안 1억 달러가 넘는 전기료를 부담해야 한다. 이 때문에 엄청난 분량의 탄소 배출이 일어난다. 중재자, 중개인, 대리인을 없애거나 축소하여 지불 비용을 낮춘 대가를 에너지 비용으로 부담하는 격이다.[34]

투자 성공에 최고의 무기는 통찰력이다

비트코인을 비롯한 암호화폐 투자, 더 나아가 미래 디지털화폐 투자에서 성공하려면 투자 시장의 거시적 흐름을 만드는 시장의 이치, 구조, 흐름을 통찰해야 한다. 암호화폐를 비롯해서 미래 디지털화폐도 투자상품의 속성을 갖게 될 것이 분명하기 때문이다. 투자상품이라면 투자 시장 작동 원리를 따르게 된다.

투자 시장에서 성공을 가져다주는 최고의 무기는 자본이 아니다. 통찰력이다. 통찰력이 투자 시장 상황을 바꾸는 힘은 아니다. 하지만 통찰력은 투자 시장의 상황 변화를 꿰뚫어 보는 힘이기에 더 나은 투자 전략을 구상할 수 있게 해준다. 더 나은 투자 전략은 투자 위험은 줄이고 투자 기회를 늘려준다. 위험이 줄고, 기회가 늘어나면 더 나은 투자 수익을 얻을 기반이 마련된다. 개인이 상황을 바꿀 힘은 없지만, 투자 시장 상황을 이해하고 변화를 꿰뚫어 보는 것만으로 원하는 것을 얻을 가능성을 높일 수 있다. 이것은 암호화폐 투자 시장에서도 동일한 원리다.

통찰력이란 무엇이며, 어떻게 키워야 할까

사전적으로, 통찰력洞察力은 '사물, 사건, 상황의 본질(이치)을 꿰뚫어 보는 능력'이다. 영어로는 'insight'로, 안in을 들여다본다sight는 뜻이다. '안을 들여다본다'는 것은 무슨 의미일까? '밖'은 겉으로 드러난 '현상現象'이다. 암호화폐 시장에 적용하면, 거래 창에 보이는 숫자가 현상이다. 밖으로 드러나 있기 때문에 쉽게 보인다. 그런데 겉으로 보이는 것이 전부가 아니라는 말처럼 눈에 보이는 현상은 진정한 실체가 아닐 가능성이 매우 크다. 반면에, '안'은 '이면裏面'이다. 안에 있고, 이면에 있기 때문에 노력해서 찾아야 발견할 수 있다. 통찰력은 현상 이면에 숨겨진 진짜 힘을 찾아내는 능력이다. 암호화폐 시장에 적용하면, 비트코인 가격을 밀어 올리거나 끌어내리는 힘, 이유, 원인이다. 이런 것들은 숫자 이면에 숨겨져 있어 한눈에 보이지 않는다. 쉽게 파악되지 않는다. 가격 변화의 실제와 본질은 이면에 숨겨져 있다. 현상은 생물학적 시각으로 보면 되지만, 이면을 보기 위해서는 특별한 능력이 필요하다. 그 능력이 바로 통찰력이다.

개인이 투자 시장의 현재 상황이나 미래에 전개될 가능성을 꿰뚫어 보는 능력을 기르는 것은 쉽지 않다. 하지만 (나의 경험으로는) 불가능한 일도 아니다. 미래학자의 생명은 통찰력에서 나온다. 십수 년 동안 국내외에서 미래 통찰력을 전달하는 일을 해온 나의 경험으로는 신비하거나 천재만 할 수 있는 특별한 영역이 아니다. 학습과 훈련을 통해 얼마든지 향상시킬 수 있는 기술이다. 일반 개인도 충분히 '개발 가능한 능력'이다. 내가 '개발 가능한 능력'이라고 한 이유가 있다. 미래학자인 나의 경험에 따르면, 통찰력은 올바른 학습을 기반으로 만들어진 생각의 규칙과 습관의 결과물이다. 투자 시장의 이치, 구조, 흐름을 읽는 데 도움이 되는 핵심 지식을 습득하고, 끊임없이 데이터를 수집하고 분석하는 습관을 기르고, 이런 지식과 정보를 가지고 현상 이면에서 작동하는 실제를 간파하는 올바른 방식(다양한 사고 기술)을 반복적으로 익히고 사용하는 과정에서 누구나 얻을 수 있는 열매다. 규칙과 습관의 산물이기에, 반복해갈수록 통찰력도 계속 향상된다. 통찰력이 향상될수록 투자 수익률은 높아진다.

미래 변화 가능성을 연구하고, 몇 가지 중요한 주제에 대해서 논리적 또는 확률적으로 예측해보는 일은 일반인이 생각하는 것보다 훨씬 더 과학적인 과정이다. 미래학자는 미래 연구와 예측 시나리오를 구축하기 위해 상당히 복잡한 과정을 거친다. 문명사, 경제사, 순수 역사 등 다양한 학문 분야의 역사를 공부하는 것은 기본이다. 사회과학적 방법론을 사용하는 것을 비롯해서 과학적·철학적·수학적 사고 실험까지 시도한다. 빅데이터와 인공지능을 활용한 컴퓨터 시뮬레이션과 모델링에 이르기까지 갖가지 최신 예측 기법을 활용한다. 이런 능력을 일반인이 갖추기는 쉽지 않다. 다행인 것은 투자 시장에서 필요한 통찰력 또는 미래 예측 능력을 향상시키는 훈련은 이 정도까지 넓고 깊은 학습이 필요하지 않다는 것이다. 나처럼 미래 변화를 연구하는 전문 미래학자의 시나리오를 공부하고, 그 위에 경제 및 금융 역사에 관심을 가지고, 매일 쏟아져 나오는 수많은 정보 중에서 신호와 소음을 구별하는 기술을 훈련하는 것만으로도 투자 시장의 거시적 흐름을 읽을 수 있다. 평소에 이런 훈련을 반복하면, 투자 시장의 급작스러운 변화를 맞닥뜨려도 남들보다 빠르게 '직관적 통찰력'을 발현할 수 있게 된다.

미래 변화에 대한 오랜 연구와 경험을 통해 깨달은 것이 있다. 세상은 단기적으로는 무작위로 움직인다. 그래서 예측 불가하다. 하지만 중장기적으로는 이치와 구조를 따라 일정하게 반복되는 패턴을 만들면서 흐른다. 그래서 미래의 일정 부분은 예측 가능한 범주에 든다. 암호화폐 시장을 포함한 모든 투자 시장도 마찬가지다. 투자자들의 눈에 보이는 암호화폐 가격은 수시로 변동하면서 우상향하거나, 박스권에 머물거나, 우하향한다. 가격의 상승이나 하락 속도도 불규칙하다. 서서히 또는 급하게 움직인다. 가격 변동의 진폭도 일정하지 않다. 작게 또는 크게 움직인다. 이것이 매일 암호화폐 투자자들의 눈에 보이는 '현상'이다. 이런 현상만을 보아서는 암호화폐 시장의 미래를 예측하는 것이 불가능하다. 암호화폐뿐만 아니라 주식 시장에서도 단기 또는 특정 구간에서 순간의 움직임은 정확한 설명이나 예측이 불가능하다. 단기적으로는 호재와 악재가 혼재하고, 둘 중 하나의 사건이 무작위로 돌출된다. 그래서 단기 주가는 지그재그 형태를 갖는다. 즉, '거의' 예측할 수 없는 영역이다. 하지만 암호화폐 시장, 주식 시장 등 투자 시장 전체도 현실세계의 일부다. 주식 시장은 미래 가능성을 가장 중요하게 여긴다. 주식 시장은 목표 없이 흘러가지 않는다. 암호화폐 시장도 마찬가지다. 세상이 향하는 미래를 따라간다. 중기적으로는 트렌드를 따라 움직이고, 장기적으로는 이치와 패턴을 따라 움직인다. 그래서 중장기적 주가 움직임은 예측할 수 있는 범위에 들어간다. 참고로, 사이클은 중기 움직임과 장기 움직임이 합쳐져서 형성된다.

예측 vs. 예언

미래 예측에 대한 가장 큰 오해 세 가지가 있다.

- 미래는 예측할 수 없다.
- 미래학자는 신통한 능력을 가진 예언자다.
- 미래 예측은 사기다.

아니다. 미래 예측은 신비한 능력이 아니다. 좋은 미래 예측은 지식과 과학적 사고에서 나온다. 이치, 구조, 힘(주체의 상태, 발전 방식)에 대한 축적된 지식과 실시간 정보가 예측 능력의 핵심이다. 미래학자는 지식과 정보를 기반으로 미래를 만드는 중요한 힘과 변수들을 추출한다. 미래 예측 기술은 신비한 방법론이 아니다. 과학적 사고 기술이다. 지식과 정보를 가지고 선택한 다양한 변수를 다루는 데 사용한다. 미래 예측 기법으로 널리 알려진 시나리오 기술도 예측한 미래를 생동감 있게 묘사하는 방법에 불과하다. 미래 예언은 사기일 수 있지만, 미래 예측은 학습의 결과다. 물론 누군가가 "나의 미래 예측 적중률은 100%다"라고 말했다면 사기다. 앨빈 토플러[Alvin Toffler]를 능가하는 천재적 미래학자가 출현해도 100% 확률로 미래를 예측하는 것은 불가능하다. 100% 확률로 미래를 예측하는 것은 신의 영역이다. 인간으로선 불가능한 것을 가능하다고 했기 때문에 사기다.

그래서 나와 같은 전문 미래학자는 예측의 적중률보다 '의미 있는 예측'이냐 아니냐에 더 관심을 둔다. '의미 있는 예측'은 간단하다. 예측 시나리오를 읽는 사람들에게 넓은 관점을 주느냐, 또 다른 논리적이고 확률적인 미래 가능성을 생각하게 돕느냐 하는 것이다. 좀더 넓은 관점, 또 다른 미래들에 대한 생각은 '더 나은 생각'을 하게 해준다. 더 나은 생각은 '더 나은 의사결정'을 하게 하고, 더 나은 의사결정은 '더 나은 미래'를 만들게 해준다. 암호화폐 시장 투자자에게 미래 통찰력도 같은 역할을 한다.

오랫동안 미래 변화를 연구한 나의 경험으로는 미래는 100% 예측 가능한 영역도 아니고, 100% 예측 불가능한 영역도 아니다. 즉, 예측 불가능한 영역도 있고, 예측 가능한 영역도 있다. 나처럼 전문 미래학자는 예측 가능한 영역을 찾고, 탐구한다. 예측 가능한 영역이 존재하는 이유가 있다. 미래는 아무렇게나 정해지지 않기 때문이다. 미래는 아무런 원칙 없이 마구잡이로 나타나지 않는다. 미래의 일부는 정해지지 않았지만, 일부는 세상 변화의 이치를 따라 형성된다. 나는 이것을 '이미 정해진 미래' 또는 '변하지 않는 것'이라고 부른다. 미래 변화에 대해서 생각할 때, 많은 사람이 착각하는 것이 있다. 미래는 모든 것이 변할 것이라는 생각이다. 착각이다. 수백 년 또는 수천 년이 지나더라도 변하지 않는 것이 많다. 사람이 나고 죽는 것, 권력이나 돈의 속성 등 자연의 이치와 섭리라고 불리는 것들은 절대로 변하지 않는다. 변하지 않는 것을 알면, 미래의 절반은 아는 셈이다. 이치는 어디서 알 수 있을까? 간단하다. 인류가 축적한 학문 안에 있다.

투자 시장도 마찬가지다. 오늘 투자 시장이 어제와 다르고, 내일 투자 시장이 오늘과 다르다. 어제는 폭락으로 극도의 공포에 휩싸였던 암호화폐 시장이 오늘은 (마치 어제 무슨 일이 있었냐는 듯) 거침없이 상승하기도 한다. 몇 주 동안 거침없이 상승 곡선을 그렸던 비트코인 가격이 하루아침에 폭락하기도 한다. 이런 변동성은 하루 동안에도 수없이 일어난다. 이처럼 변덕이 죽 끓듯 하여 예측 불가능한 투자 시장도 중장기적으로는 일정한 이치를 따라 흐른다. 투자 시장도 사회, 기술, 산업, 경제, 환경, 법, 정치, 제도, 종교적 신념 등이 복잡하게 얽힌 현실 세상의 구조 위에서 움직이고 이런 것들에 영향을 받기 때문이다. 이런 사실을 깨닫고 나면, 암호화폐를 비롯한 투자 시장은 세상이 어떤 미래로 흘러가고 있는지 또는 어떤 미래로 흘러가고 싶어 하는지를 미리 '숫자'로 보여주는 곳이라는 생각이 든다.

이쯤 되면, 내가 '성공적인 암호화폐 또는 디지털 미래 화폐 투자자가 되려면 세상 모든 변화에 영향을 받으며 움직이는 시장의 이치, 구조, 흐름을 통찰해야 한다'라고 말하는 이유를 알아차렸을 것이다. 성공적인 투자자가 되는 길은 투자 자본의 규모에 달려 있지 않다. 한두 가지의 신박한 정보에 있지 않다. 타고난 운도 아니다. 성공하는 투자자가 되고 싶다면 자기 경험의 우물에서 벗어나 겸손히 세상의 이치와 시장의 진리를 익히고 배우려는 태도를 가져야 한다. 쉬지 않는 배움을 바탕으로 본질(이치)을 꿰뚫어 보는 통찰력을 훈련하기를 멈추지 말아야 한다.

현상이 아니라 이면을 보라

암호화폐 시장의 본질을 꿰뚫어 보고, 중장기 흐름을 간파한다는 것은 차트 분석만으로는 불가능하다. 차트 이면에 있는 세상 변화의 이치, 부의 대이동의 이치와 과정도 꿰뚫어 봐야 한다. 차트에 나타나는 숫자라는 현상 이면에 있는 이치란 무엇일까? 이치理致란 '다스릴 리理'와 '이를 치致' 또는 '도달할 치致'의 한자어다. 어떤 일이나 사물이 세상에서 어우러져 존재하거나 복잡하게 움직이지만 시간이 지나면 (당연히) 그리되어야 할 마땅한 흐름(원리)을 말한다. 어떤 일이나 사물의 근본이 되는 마땅한 목적目的因이나 중요한 취지다. 반드시 귀결되는 변하지 않는 원리 또는 진리다. 최상의 원칙, 절대 원칙이다.

이치는 모든 만물의 중심이며 모든 영역의 기초가 된다. 수학에서는 공리公理, axiom가 이치에 해당한다. 인간은 조작 불가능하고 자명한 '이치(절대 원칙)'에서 '기본 규칙'을 유도하고, 이런 기본 규칙들을 가지고 '복잡한 규칙'을 만들어 세상을 경영하고 변화시킨다. 미래가 아무리 달라져도 이치를 벗어날 수 없는 이유다. 모든 일이 결국에는 이치로 귀결되기 때문에 이치에 해당하는 영역은 예측 가능해진다. 이치를 안다는 것은 모든 변화나 복잡한 현상의 최종 결론을 알고 예측할 수 있다는 말이다. 현재 일어나는 암호화폐 시장 가격 변화의 끝을 알고 예측할 수 있으니 현재의 선택에 확신이 서고, 걷는 걸음과 마음은 가볍고, 남들과 다른 전략을 세울 수 있다. 부의 이치를 모르는 투자자는 현상에 휘둘리면서 실패를 반복한다. 바람에 따라 일렁이는 수면 아래의 큰 흐름은 보지 못하기에, 눈앞의 작은 이익은 얻지만 결국 큰 것은 놓치는 어리석은 투자자가 된다. 나 같은 전문 미래학자는 미래를 만드는 이런 핵심 개념(이치, 구조, 힘의 주체 상태being와 운동doing)을 끊임없이 찾아 분석하고, 핵심 개념에 핵심 개념을 쌓아 올리는 일을 평생 하는 사람이다.

그렇다고, 오해하지 말라. 세상 이치에 속한 것은 예측할 수 있지만, 세상에는 예측할 수 없는 영역이 훨씬 더 많다. 따라서 겸손해야 하고 끊임없이 공부하고 사고해야 한다. 누군가가 향후 한국과 세계 경제의 미래를 정확무오正確無誤하게 예언하거나 특정 주식의 가격을 족집게처럼 맞힐 수 있다고 한다면 절대로 믿지 말라. 그러나 누군가가 세상이 돌아가는 이치와 구조, 그리고 시스템적 흐름이 이러하다고 설명해준다면 반드시 귀를 기울이라. 부에 대한 통찰력을 높여줄 조언이다. 이런 시각으로 신문을 보고 뉴스를 분석해보라. 무엇이 믿을 만한 주장이고 무엇이 거짓말 또는 고식지계姑息之計인지 분별할 힘을 갖게 된다.

이치는 한번 깨달으면 동형반복이다. 세상을 통찰하는 안목이 일취월장한다. 암호화폐를 비롯한 투자 시장의 이치, 가격 상승과 하락의 이치 등도 한번 깨달으면 동형반복이다. 동형반복을 패턴이라고 한다. 예를 들어보겠다. 〈그림 3-1〉은 지난 100년 동안 미국 주식 시장에서 대상승과 대폭락이 한 쌍으로 묶여서(패턴화되어) 반복적으로 나타났음을 보여준다. 하단에는 지난 100년간의 미국 주식 시장 사이클이 표시돼 있다. 그림에서 볼 수 있듯이, 지난 100년 동안 총 여섯 번 정도의 대세 상승기가 있었고, 이런 대세 상승기 안에서 이치를 따라 일정한 패턴을 띠며 대폭락과 대상승이 일어났다. 코로나19 기간에도 이 패턴이 동일하게 반복됐다.

앞에서 암호화폐 가치가 부풀어 오르고, 대폭락하는 이치를 설명했다. 이치를 이해하면, 이치를 따라서 동형반복되는 패턴을 그려볼 수 있다. 하지만 동형반복되는 패턴이라도 반복될 때마다 정확하게 똑같은 모양새를 보이진 않는다. 반복되는 시간, 세부적인 모양은 달라질 수 있다. 철학자 헤라클레이토스^{Heracleitos}는 "만물은 변한다", "누구도 같은 강물에 두 번 들어갈 수 없다"라는 유명한 말을 남겼다. 세상은 변하지 않는 이치이고, 그런 이치로 수렴하고 벗어나기를 반복하기 때문에 일정한 패턴이 만들어지지만, 시간의 힘에 의해 세부 사항은 끊임없이 변한다.

따라서 암호화폐 투자에서도 다양한 상상력이 필요하다. 나는 다양한 상상력을 '논리적이고 확률적인 다양한 투자 시나리오'라고 부른다. 만물이 변하고, 같은 강물에 두 번 들어갈 수 없고, 반복되는 패턴이라도 세부 사항이 다르지만, 모든 투자는 이치와 동형반복되는 패턴을 이해하는 것에서 시작해야 한다. 이것을 먼저 이해한 후에, 이를 기반으로 상상력을 발휘해야 한다.

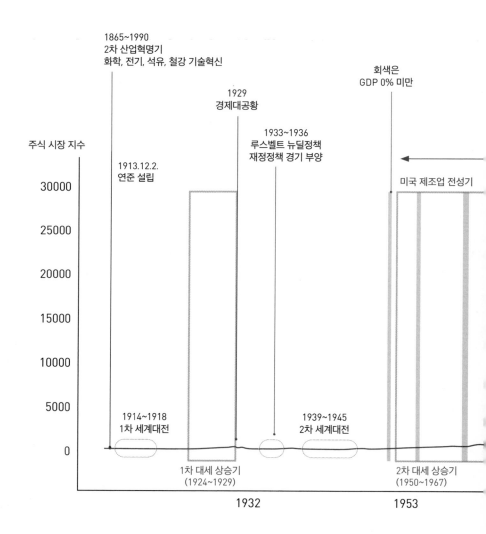

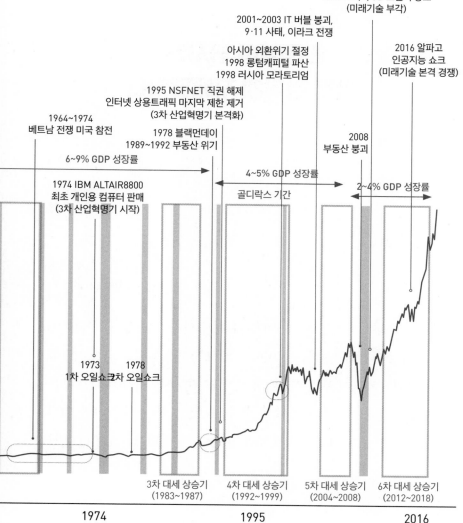

2012 구글 자율주행차 영상 공개
2013 오바마 3D 프린터 강조
(미래기술 부각)

2001~2003 IT 버블 붕괴,
9·11 사태, 이라크 전쟁

2016 알파고
인공지능 쇼크
(미래기술 본격 경쟁)

아시아 외환위기 절정
1998 롱텀캐피털 파산
1998 러시아 모라토리엄

1995 NSFNET 직권 해제
인터넷 상용트래픽 마지막 제한 제거
(3차 산업혁명기 본격화)

1964~1974
베트남 전쟁 미국 참전

1978 블랙먼데이
1989~1992 부동산 위기

2008
부동산 붕괴

6~9% GDP 성장률

4~5% GDP 성장률

2~4% GDP 성장률

1974 IBM ALTAIR8800
최초 개인용 컴퓨터 판매
(3차 산업혁명기 시작)

골디락스 기간

1973
1차 오일쇼크

1978
2차 오일쇼크

3차 대세 상승기
(1983~1987)

4차 대세 상승기
(1992~1999)

5차 대세 상승기
(2004~2008)

6차 대세 상승기
(2012~2018)

1974

1995

2016

자료: tradingeconomics.com

변동성이 커지면, 버블 법칙에 지배당한다

투자 시장에서 작동하는 이치가 하나 더 있다. 변동성이 커지면 버블 법칙에 지배당한다는 것이다. 지난 100년간의 미국 주식 시장을 포함해서 각국의 투자 시장에서 반복해서 발생한 '가격 버블 상황'은 다음과 같은 두 가지 특징과 두 가지 패턴을 보였다. 나는 이 두 가지 특징과 두 가지 패턴이 암호화폐 시장에도 동일하게 적용된다고 판단한다.

- **버블의 두 가지 특성**

 - 역사적으로, 버블은 언제나 과소평가됐다.
 - 역사적으로, 버블은 언제나 붕괴했다. 예외가 없다.

- **버블 붕괴의 두 가지 패턴**

 - 버블 규모와 버블 붕괴 규모는 비례한다.
 - 버블이 붕괴하면, 버블이 시작됐던 원래 위치나 그보다 약간 아래까지 하락하는 패턴을 보였다.

이상의 특징과 패턴에서 암호화폐 투자자가 '특히' 주목해야 할 것이 있다. 버블 붕괴의 두 가지 패턴이다. 두 가지를 합하면 이렇게 정리된다. 버블이 붕괴하면, 부풀어 오른 규모와 붕괴하는 규모가 비슷하기 때문에 버블이 시작됐던 원래 위치나 그보다 약간 아래까지 하락하는 패턴을 보인다. 이런 패턴이 만들어지는 이유도 분명하다. '많이 오르면 많이 떨어진다'는 버블 가격의 이치가 작동하기 때문이다.

1634년 튤립 버블도 결국에는 4개월 만에 95% 폭락했고, 1719~1720년에 일어난 미시시피 버블은 최고점 대비 97% 폭락했으며, 1719~1722년에 발생했던 영국 남해회사 버블도 90% 이상 폭락했다.

부동산 가격의 사례도 들어보겠다. 〈그림 3-2〉는 일본의 주택 가

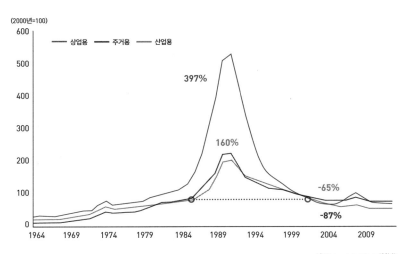

● 그림 3-2 **일본의 주택 가격 변화**

(2000년=100)

상업용 — 주거용 — 산업용

397%

160%

-65%

-87%

자료: Land Institute(일본)

격 변화표다. 그림에서 보듯, 버블이 붕괴해 상업용·주거용·산업용 등 모든 부동산 가격이 버블 발생 직전 수준까지 하락했다.

지난 100년간 미국 주식 시장에서도 버블 붕괴 패턴은 곧잘 들어 맞았다. 〈그림 3-3〉은 1930년 대공황 때의 대폭락 모습이다. 이때도 버블이 부풀어 오른 규모와 붕괴하는 규모가 비슷하기 때문에 버블 이 시작됐던 원래 위치보다 약간 아래까지 하락했다. 〈그림 3-4〉의 2001년 나스닥 버블 붕괴 당시의 주가 추이도 마찬가지로, 버블이 시작된 원래 위치 부근까지 하락했다.

버블의 특성과 패턴은 암호화폐 시장에서도 반복적으로 작동 중

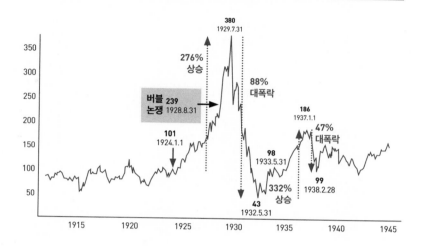

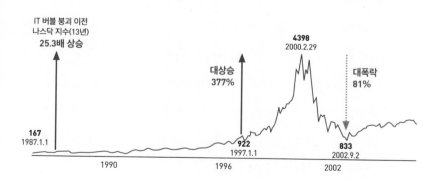

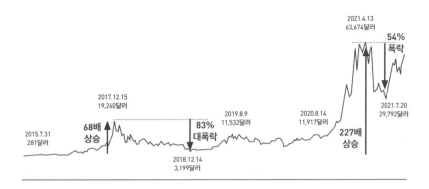

이다. 〈그림 3-5〉는 암호화폐의 황제주인 비트코인의 가격 변동 추

이다. 앞에서도 제시한 바 있는데, 엄청난 변동성을 보여준다.

역사적으로 버블은 언제나 과소평가됐고, 예외 없이 붕괴했으며,

버블의 규모와 붕괴 규모가 비례하므로 버블이 터지면 버블이 시작

된 원래 위치나 그보다 약간 아래까지 하락하는 경향을 갖는다는 버

블의 특성과 패턴이 암호화폐에도 그대로 적용되고 있다. 암호화폐

는 투자 시장 역사상 가장 큰 변동성을 보이는 상품이기 때문에 변

동성의 폭과 주기가 더 크고 빠르다는 것만 다를 뿐이다. 버블의 이

치와 법칙에 지배당하는 것은 동일하다.

주식과 부동산 시장이 비이성적 폭등을 지속하다 보니, 다가오는

대폭락을 대비해서 위험을 피하기 위한 대안(헤지 수단)으로 비트코

인을 선택하고 있다. 하지만 현재까지의 비트코인 가격의 패턴을 분석해보면 투자 시장에 대폭락이 발생하면 위험 헤지 기능이 제대로 작동하지 않고 동반 폭락할 가능성이 매우 크다. 그리고 다음번 대폭락을 기점으로 (암호화폐 위험성 제거 및 안정성 확보 명분으로) 암호화폐의 미래를 바꿀 규제책들이 추가로 나올 수도 있다.

가치평가 분야 최고의 석학 중 한 사람인 애스워스 다모다란Aswath Damodran 뉴욕대학교 교수가 최근 한 언론사와 인터뷰 중에 한 말을 기억할 필요가 있다.

"회사에 대해 어떻게 생각하는가와 투자에 대해 어떻게 생각하는가를 구분하세요. 매우 좋은 회사일 수 있어도 정말 나쁜 투자가 될 수도 있습니다. 미래가 아무리 좋아도 너무 비싸게 주식을 사게 되는 것이지요. 회사가 얼마나 좋은지 생각하는 것만으로 투자할 수는 없습니다. 가치가 얼마나 되는지 항상 가격을 고려해야 합니다."[35]

다모다란 교수의 말이 암호화폐 투자에도 동일하게 적용될 수 있다고 생각한다. 비트코인의 의미·가치·버블 논쟁을 떠나서 어떨 때는 매우 좋은 투자자산일 수 있지만, 정말 나쁜 투자가 될 때도 있다. 암호화폐 투자자는 이 점도 명심해야 한다.

CRYPTO
CURRENCY
NEXT
SCENARIO

제4부

최후의
생존 조건

비트코인 운명의 날

내가 '비트코인 운명의 날'이라고 표현한 상황은 최소 80% 이상의 대폭락 사건이 발생하는 것을 가리킨다. 비트코인을 비롯한 제1세대 암호화폐 가격이 80% 이상 폭락하는 일이 언제 다시 발생할 것인지는 정확하게 예언할 수 없다. 하지만 가능성은 두 가지로 나눠 생각해볼 수 있다.

- 첫 번째, 주식 시장 전체의 버블 붕괴 때 동반해서 발생한다.
- 두 번째, 암호화폐 단독으로 버블 붕괴가 발생한다.

● 그림 4-1 **2020년 3월 대폭락장과 주식 시장의 버블 조정 상황(다우 지수)**

- 완전한 대세 전환(대조정 또는 대폭락): 2~3차 연속 하락하여 총 30~40% 내외 조정
- 금융 시스템 붕괴: 4~5차 연속 하락하여 총 50~75% 내외 조정
※ VIX(Volatility Index): 변동성 지수('공포 지수'라고도 불린다.)

이 중에서 두 번째 가능성은 2~3년에 한 번씩 반복해서 나타난
다고 예측하면 된다. 그러면, 첫 번째 가능성은 어떨까? 첫 번째 가
능성은 주식 시장 전체의 버블 붕괴를 예측하면 된다. 주식 시장에
서 발생하는 10~15% 내외의 기술적 조정 시점들은 예측하기 어렵
다. 하지만 주식 시장 전체의 버블 붕괴는 의외로 어느 정도 예측 가
능한 범주에 든다. 물론 이는 '정확한 시점'이나 '정확한 횟수'를 예측
할 수 있다는 말이 아니다. '확률적 어림셈'으로 붕괴가 발생할 시점

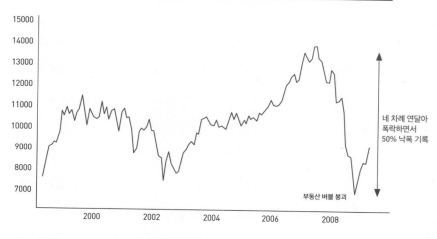

● 그림 4-2 **2008년 3월 대폭락장과 주식 시장의 버블 조정 상황(다우 지수)**

네 차례 연달아
폭락하면서
50% 낙폭 기록

부동산 버블 붕괴

금융 시스템 붕괴: 4~5차 연속 하락하여 총 50~75% 내외 조정

이 '가까워졌다'는 것을 예측할 수 있다는 의미다. 하지만 변동성이 매우 큰 암호화폐 시장의 특성을 고려한다면, '최악의 상황을 피할 기회를 얻는다'는 것은 매우 의미 있는 일이다. 참고로, 종합주가지수가 최소 30% 이상 하락하는 대폭락은 공황 매도panic selling가 일어나면서 한 달 정도 기간에 주가 조정(하락)이 세 번 이상 연속 발생하는 상황이다.

폭락의 이유: 금융 시스템 위기와 소득 위기

주식 시장이 종합주가지수 기준으로 최소 30% 이상 폭락하는 데는 분명한 이유가 있다. 크게 보면 두 가지다. 버블이 크게 긴 상태에서 금융 시스템 위기나 소득(매출, 이익) 위기가 발생해야 한다.

이 두 가지 사건은 앞서 설명한, 유체 버블에 구멍이 뚫리는 현상과 같다. 첫째, 금융 시스템 위기는 급격한 유동성 감소나 경색 위기다. 이런 경우는 단기간(1~3개월)에 주가가 급락하면서 거품이 빠진다. 둘째, 소득 위기는 매출과 이익 감소가 장기 하강(리세션)하는 위

● 그림 4-3 반복되는 실물 위기와 금융 시스템 위기(GDP 연간 성장률)

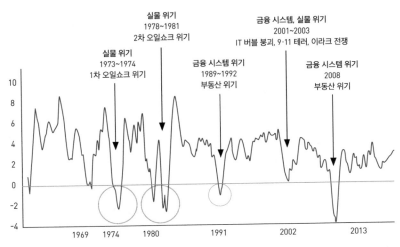

자료: tradingeconomics.com, 미 상무부 경제분석구

기다. 즉, 펀더멘털 문제다. 단, 기업 성장률이나 이익률이 이전보다 상대적으로 낮아지더라도 상승 추세를 유지하고 있으면 상관없다. 계절적 요인에 의해 또는 산업 사이클상에서 1~2분기 정도 일시적으로 낮아지는 것도 해당하지 않는다. 계절적 요인에 의해 또는 산업 사이클상에서 매출이나 성장률이 상승해야 하는데 반대로 낮아지거나, 3~4분기 정도 연속으로 경제성장률이나 이익률이 낮아지는 경우에 장기 하강(리세션)하는 위기 발생 가능성이 있다고 말할 수 있다. 이런 경우는 서서히 오랫동안(6~24개월) 하락하면서 거품이 빠진다.

금융 시스템 위기나 소득 위기를 발생시키는 방아쇠 사건은 다양하다. 방아쇠 사건은 예측 가능한 사건과 예측 불가능한 사건으로 나눌 수 있다. 예측 불가능한 사건은 주로 전쟁, 코로나19 같은 팬데믹, 오일 쇼크, 9·11 테러 등이다. 그렇다고 낙심할 필요는 없다. 이렇게 예측 불가능한 사건들은 개별 단위로 본다면 50~100년에 한 번 정도 일어난다.

주기적으로 반복되는 예측 가능한 폭락

투자자가 관심을 가져야 할 방아쇠 사건은 '주기적으로 반복되는 예측 가능한 사건'이다. 100년 주기로 본다면, 최소 여섯 번에서 일곱 번 정도 반복해서 일어난다. 이 예측 가능한 사건은 암호화폐 시장에도 직접 영향을 미친다. 그것이 무엇일까? 바로, 기준금리 인상과 연관된 사건이다. 특히 주식 시장이 종합주가지수 기준 최소 30% 이상 폭락할 가능성이 매우 커지는 시점은 '기준금리 인상 후반부 도달 이후'다. 이 시기에 종합주가지수가 30% 이상 폭락하면, 비트코인 운명의 날(최소 80% 이상 대폭락)도 도래할 가능성이 크다.

〈그림 4-4〉부터 〈그림 4-10〉을 보자. 지난 100년간 미국 주식 시장에서 대폭락이 일어났던 시기를 기준금리 인상 상황과 비교해 정리한 것이다. 연준이 기준금리 인상 후반부 또는 인상을 끝내고 일정 기간이 흐른 후에 주식 시장 대폭락이 반복적으로 발생했다.

앞서 연준이 기준금리를 인상하기 시작하고(긴축 1단계) 인상 정점에 다다르는 긴축 후반기까지 걸리는 대략적인 시간을 2~3년이라고 언급했는데, 이 그림들에서 기준금리 인상이 시작되고 2~3년 후 긴축 4단계 후반기에 이르면 주식 시장이 폭락하는 사실을 살펴볼 수 있다. 〈그림 4-5〉에서 이를 뚜렷하게 볼 수 있다. 1927년 올리기 시작한 기준금리가 정점에 다다른(긴축 후반) 1929년에 주식 시장 대폭락이 일어났다.

■ 야간 브로커 대출 금리

신규금리 ―― 갱신금리 ―― 기준금리

자료: tradingeconomics.com

■ 다우지수

1914~1918 제1차 세계대전

1918.10
미국 스페인 독감
2차 대유행 시작

1919.10 주식 시장 대폭락 시작
미국 및 전 세계 리세션
(스페인 독감 셧다운 충격 반영 시작)

1917.4
미국 참전 선언
(미국 주식 시장 대폭락)

자료: macrotrends.com

■ 야간 브로커 대출 금리(%)　　　　　　　━ 신규금리　━ 갱신금리　━ 기준금리

자료: tradingeconomics.com

■ 다우지수

자료: macrotrends.net

● 그림 4-6 **1954~1965년 미국 주식 시장 대폭락 분석**

■ 경제성장률

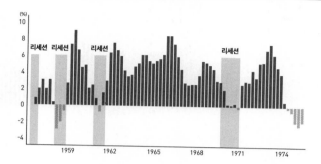

■ 기준금리

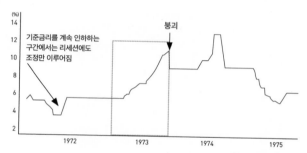

자료: tradingeconomics.com

■ 다우지수

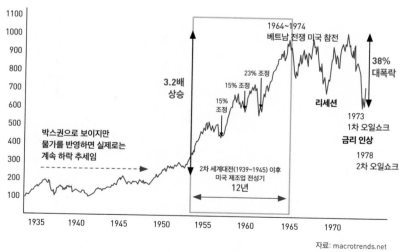

자료: macrotrends.net

● 그림 4-7 1983~1987년 미국 주식 시장 대조정 분석

■ 경제성장률

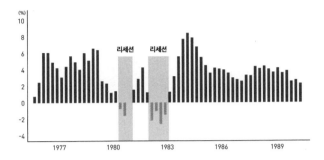

■ 기준금리

자료: tradingeconomics.com

■ 다우지수

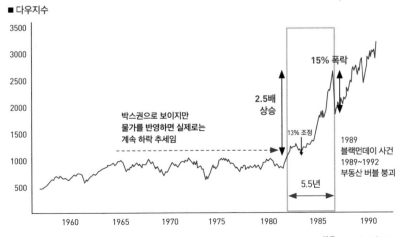

자료: macrotrends.net

● 그림 4-8 **1991~1999년 미국 주식 시장 대폭락 분석**

■ 경제성장률

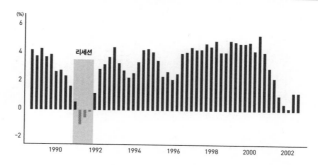

■ 기준금리

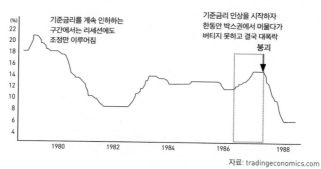

자료: tradingeconomics.com

■ 다우지수

자료: macrotrends.net

● **그림 4-9 2003년 6월~2007년 10월 미국 주식 시장 대폭락 분석**

■ 경제성장률

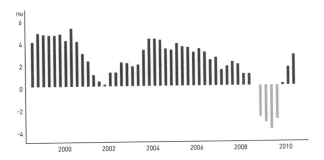

■ 기준금리

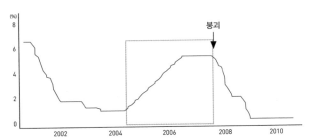

자료: tradingeconomics.com

■ 다우지수

자료: macrotrends.net

● 그림 4-10 **2009년 6월~2020년 1월 미국 주식 시장 대폭락 분석**

■ 경제성장률

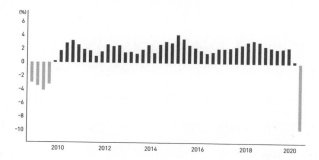

■ 기준금리

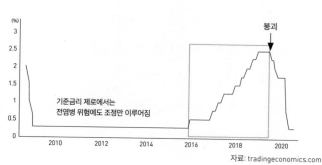

자료: tradingeconomics.com

■ 다우지수

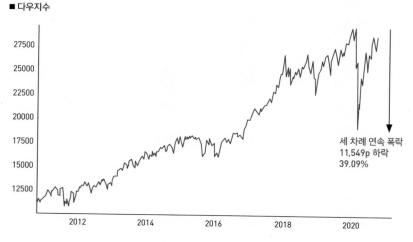

기준금리 조정 시기와 주식 시장 대폭락의 관계

기준금리 인상 후반부 또는 인상을 끝내고 일정 기간이 흐른 후에 주식 시장에 대폭락이 일어나는 이유는 무엇일까?

첫째, 연준이 기준금리 인상을 멈춘다는 것은 '연준의 판단에 이 이상 금리를 올리면 기업이나 가계가 금융비용 부담을 견디지 못하리라고 판단했다'라는 의미다. 또는 같은 의미에서 기준금리 인상 후반부가 됐다는 것은 '기업이나 가계가 높은 금융비용 부담을 느끼고 투자와 소비를 줄일 시점이 곧 다가온다'라는 의미다.

둘째, 따라서 앞으로 경제성장률이 하락 추세로 전환할 가능성이 커지고, 좀비 기업 파산이 증가하고, 채권 시장에서는 정크 본드의 파산 위험도 높아진다. 이런 신호가 나타나면 주식 시장 참여자들은 다가올 변화를 빠르게 인식하고, '오랫동안 부풀어 오른 버블이 곧 붕괴하겠구나' 하는 판단을 내리고 주식을 내다 팔기 시작한다.

실제로 지난 100년간 미국 경제와 주식 시장의 관계를 분석해보면, 연준이 기준금리 인상을 멈춘 후 얼마 가지 않아 경기가 정점(경기 확장기 정점)을 지나 경기 위축기로 전환된 경우가 많았다. 경기 위축기는 두 가지로 분류할 수 있다. 리세션을 동반하는 경기 위축기와 리세션이 없는 경기 위축기다. 리세션을 동반한 경기 위축기는 진짜 위축기이고, 리세션이 없는 경기 위축기는 가짜 위축기다. 진짜 위축기는 경제 주체들이 높은 기준금리를 견디지 못해서 파산하면서 기업, 가계, 금융권에 대규모 구조조정이 발생하는 상황이다. 종합주가지수 기준 최소 30% 이상 대폭락은 이때 발생한다. 가짜 위축기는 경제 분위기만 잠시 침체되는 상황이다. 가짜 위축기에도 연준은 기준금리 인하를 단행한다. 하지만 극심한 경기 침체가 아니기 때문에 연준이 기준금리를 조금만 인하해도 경제가 곧바로 반등한다. 이때는 종합주가지수 기준 최소 30% 이상 대폭락이 좀더 뒤로 미뤄진다.

〈그림 4-11〉에서 볼 수 있듯이, 가짜 위축기는 진짜 위축기의 주기가 길어질 때 종종 발생한다. 미국의 경우 경기 위축기는 6~18개월 정도 진행된다. 그에 비해 한국을 비롯한 신흥국에서 경기 위축기가 발생하면 1~3년 정도 길게 지속된다.

● 그림 4-11 리세션 없는 경기 위축기 vs. 리세션 동반한 경기 위축기

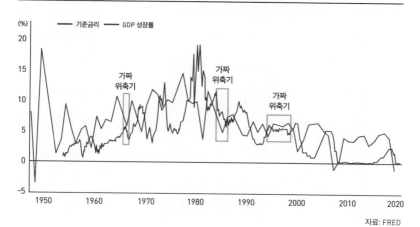

자료: FRED

예측 가능한데, 왜 방어하지 않을까

　이런 의문이 들 수도 있을 것이다. '이렇게 패턴이 분명하다면, 연준이나 정부가 왜 버블 붕괴가 일어나지 않도록 방어를 하지 않는가? 또는 방어에 실패하는가?'이다. 그 이유도 분명하다. 인위적 개입에 대한 시장의 저항이 존재한다는 것, 잠재적 버블을 예방하기 위해 시장 과열을 선제적으로 막을 경우 경기 확장 동력이 약화된다는 것, 투기 열기를 줄이는 데 드는 비용을 정확하게 산정할 수 없다는 것 등이다.

　또한 정부나 중앙은행이 스스로 버블에 구멍을 내서 터뜨리는 것 자체를 꺼리는 것도 이유 중 하나다. 정부나 중앙은행 입장에서는 반복적인 버블 붕괴 또는 경기 침체를 용인하는 것이 버블을 일으키지 않고 경기가 낮은 수준에서 오랫동안 지속되는 것보다 더 낫다고 판단하기 때문이다. 중앙은행이 버블을 줄이거나 아예 발생하지 않도록 조치를 취하는 것은 경제성장기에 얻을 수 있는 성장률을 상당 부분 포기해야 한다는 의미이기도 하다. 결국 정부나 중앙은행은 버블이 발생하지 않게 대응하는 것보다 버블이 터진 후에 관리하는 것이 더 유익하다고 판단하는 것이다. 그리고 연준이나 정부의 경제 전문가들은 경기 침체 또는 버블 붕괴가 과잉투자, 과잉고용, 과잉소비, 과잉공급, 과잉건설 등의 비효율성을 조절하는 순기능을 가지고 있다는 것도 안다. 더욱이 미국의 경우에는 제1 기축통화 지위를 기반으로 한 달러와 달러화 채권의 불패 신화, 어떤 버블 붕괴가 일어나도 미국은 절대 망하지 않는다는 신념 등도 작용한다.

이런 모든 요소가 복합적으로 작용하면서, 주식 시장 버블의 붕괴가 용인되고, 그 과정에서 파산하는 은행들에 중앙은행이 최종 대부자 역할을 하여 수습하는 패턴이 만들어진다. 이런 사건이 발생하면, 암호화폐 시장도 대폭락을 피할 수 없다. 투자 시장에서는 버블이 커질수록 공매도 규모도 커지는 것이 일반적이다. 암호화폐는 현존하는 투자상품 중에서 가장 버블이 심하다. 당연히, 공매도 규모 역시 최고 수준이다. 만약 암호화폐 버블이 극대화된 시점에 작은 구멍이 뚫리고 가격이 하락하기 시작하면, 극대화된 공매도 물량까지 시장에 쏟아지면서 하락의 폭과 속도를 더할 것이다. 그리고 투자 시장에 참여한 주체들이 대폭락 기간에 손실을 줄이기 위해 가장 먼저 내다 팔 상품도 암호화폐가 될 것이다. 이런 심리가 확산되면 낙폭이 더 가팔라진다.

만약 비트코인 가격이 1달러가 되면 무슨 일이 벌어지나

2021년 8월 7일, 영국의 〈이코노미스트〉는 '비트코인 가격이 0이 된다면 전통 금융 시장에 어떤 일이 벌어질 것인가'에 대한 시나리오 하나를 발표했다. 〈이코노미스트〉는 기관 투자가들의 가상화폐 거래 비중이 2017년 10%에서 63%로 높아지고, 개인 투자자들의 자금이 몰려 있는 가상화폐 시장과 기존 금융 시장의 연관성이 커진 상황이라고 전제하면서, 가상화폐 시장이 붕괴하면 전통 금융 시장도 상당한 파장이 불가피하다는 결론을 내렸다.

비트코인 가격이 0이 된다면

〈이코노미스트〉가 거론한 가상화폐붕괴cryptocrash 촉발 요인은 네 가지다. 가상화폐 운영 시스템의 기술적 결함, 대형 가상화폐 거래소 해킹, 규제 당국의 엄격한 규제, 중앙은행의 금리 인상으로 갑자기 시장이 멈춰서는 상황 등이다. 〈이코노미스트〉는 가상화폐 투자자들을 세 부류로 분류했다. 첫째 가상화폐가 법정화폐를 대체할 것이라고 믿는 근본주의자fundamentalist, 둘째 가상화폐 투자에 더 많은 사람이 참여하면서 가격이 더 오를 것이라고 믿는 전략적 투자자tactician, 셋째 투기적 투자자들speculator이다. 이들 중에서 첫 번째 부류는 가격이 폭락해도 시장을 떠나지 않을 가능성이 크지만, 두 번째 부류는 가격이 폭락하면 더는 시장에 머물지 않을 것이고, 마지막 부류인 투기꾼들은 폭락 조짐이 보이면 그 즉시 가상화폐 시장을 떠날 것이라고 분석했다.

2021년 기준, 가상화폐 시장의 시가총액은 2조 달러를 넘는다. 이런 시장이 붕괴하면 가상화폐를 보유하고 있는 투자자들은 상당한 수준의 손실을 피할 수 없다. 〈이코노미스트〉는 헤지펀드, 대학의 기부금 펀드, 뮤추얼펀드, 테슬라를 포함한 상당수 기업이 손실을 보게 될 것으로 전망했다 개인의 경우는 고점에서 추격 매수를 시작한 청년과 중산층도 타격이 막대할 것이다. 〈이코노미스트〉는 가상화폐 가격이 폭락하면 가상화폐 회사, 가상화폐 거래소, 페이팔 같은 가상화폐 거래 서비스 회사, 엔비디아 같은 코인 채굴기용 반도체 칩 제조 회사 등도 타격을 피하기 힘들다고 분석했다. 가상화폐 시장 붕괴의 충격이 실물경제로 전이되는 이유다.

여기에 가상화폐 관련 파생상품, 가상화폐 관련 대출 등 2차적인 피해도 불가피해진다. 〈이코노미스트〉는 발행 규모가 1,000억 달러를 넘는 스테이블코인도 또 다른 금융 위기의 뇌관이 될 수 있다고 전망했다. 스테이블코인의 한 종류인 테더[Tether]는 발행 금액이 620억 달러를 넘지만 달러 현찰이나 국채 보유 비중이 5%에 불과하고, 나머지는 수익률이 높은 상업어음이나 회사채, 원자재 상품 등에 투자되어 있다. 만약 가상화폐 시장에 문제가 발생해 인출 요구가 일시에 몰리면, 스테이블코인 회사가 보유한 자산을 매각하면서 자산 가격이 추가 폭락하고, 최악의 경우에는 지급불능 상태에 빠질 수 있다는 분석이다.[36]

이런 일이 현실이 되는 날이 언제일지를 나에게 묻는다면, 대답하기 힘들다. 다음번 대폭락 시점에 암호화폐 가격 대폭락이 일어나는 것은 확률적으로 높은 미래이지만, 비트코인 가격이 1달러까지 하락할지는 장담하기 힘든 미래다. 하지만 나는 이런 일이 현실이 되는 날이 언젠가는 올 것으로 예측한다. 실물 연동이 없는 상태에서 신뢰 또는 심리적 기대가 무너지면 암호화폐의 가치는 0과 1의 비트[bit]로 수렴한다. 즉, 0원이 된다. 기업 가치를 잃어 상장폐지된 주식과도 같다.

그렇다면, 여기서 또 한 가지 의문이 들지도 모르겠다. '이처럼 정해진 미래가 있는데도, 비트코인이나 이더리움 등 기존 암호화폐들의 가격이 계속 폭등하면서 생명력을 유지하는 이유는 무엇일까?' 내가 볼 때 가장 큰 이유는 정부가 투기적 가격을 단속할 타이밍을 놓쳤기 때문이다. 비트코인이든 부동산이든 투기 거품이 크게 일어나고 있을 때는 정부가 직접 손을 대서 해결할 수 없다. 정부가 뒤늦게 강도 높은 규제를 단행해서 강제로 퇴출시키려고 하면, 투자자들의 거센 반발에 직면하게 된다. 정치적 부담이 크다. 규제 시점을 놓쳤기 때문에 시장에 맡겨서 시장이 스스로 거품을 해결하도록 놔둘 수밖에 없다. 그렇지 않으면 시장 혼란과 왜곡 현상만 심해지고, 강력한 정치적 저항에 휘말린다.

이런 어정쩡한 상황이 유지되는 동안, 비트코인이 10만 달러를 넘는 일은 얼마든지 가능한 미래다. 문제는 그다음이다. 10만 달러 또는 일부에서 예상하듯이 40만 달러까지 상승한 후에 '그 가격을 얼마 동안이나 유지할 수 있느냐' 하는 것이다. 그 이후에도 수십 년 동안 그 가격을 유지한다면 지배적 자산 보유 수단으로 인정받겠지만, 그렇지 않다면 17세기 네덜란드에서 발생했던 튤립 버블과 동일한 운명을 걷게 된다.

제1세대 암호화폐의 가장 큰 문제는 펀더멘털 가치가 없다는 것

나는 비트코인 등 제1세대 암호화폐 가격 상승 현상은 작물 산업의 초호황과 동인도회사 등에 기댄 엄청난 유동성에 힘입어 튤립의 알뿌리 가격이 천정부지로 치솟던 상황과 매우 닮았다고 평가한다. 당시에도 희소한 품종의 튤립 알뿌리에 투자하면 엄청난 돈을 벌 수 있다는 소문이 유럽 전역으로 확산되면서 군중 심리에 의한 투기 광풍이 불었다. 하지만 튤립 버블은 튤립이라도 있지 않았는가. 현재 거래되는 암호화폐는 연동된 실물이 없다. 비트코인의 기술에 찬사를 보내는 사람은 많지만, 가격이 수만 배 오른 데 대해 분명한 이유를 설명하는 사람은 아무도 없다. 심지어 막을 방법도 없고 그럴 마음도 없다. 가격이 계속 상승하는 동안, 언제 터질지 모르는 폭탄을 돌리는 위험한 파티를 즐길 뿐이다.

일부에서는 '네트워크 규모'가 펀더멘털이라고 주장하지만, 나는 그것이 펀더멘털이 될 수 없다고 분석했다. 네트워크는 기대 심리를 기반으로 모인 군중이다. 기대 심리가 제로가 되면, 네트워크도 제로가 된다. 그리고 네트워크는 '기대'가 구심점이다. 즉, 실물 펀더멘털이 아니다. 비트코인이 시카고상품거래소^{CME}에서 정식으로 거래가 허용되고, 인터컨티넨털익스체인지^{ICE}·피델리티·SBI·노무라 등 금융 회사가 비트코인 서비스를 제공하고, 가상자산 은행 면허도 발급됐지만, 모두 변동성이 매우 높은 투자자산 또는 투기자산으로 인정한다는 신호일 뿐이다. 페이팔 등 유명한 테크핀^{TechFin} 회사가 비트코인 매매·보관 서비스를 시작했지만, 법정화폐로 인정한 것도 아니고 안전자산으로 평가한 것도 아니다. 게임의 판도가 달라진 것은 없다. 음성적 투기자산에서 양성적 투기자산으로 바뀌었을 뿐이다.

미국의 재무장관 재닛 옐런^{Janet Yellen}에 이어 유럽중앙은행^{ECB} 총재 크리스틴 라가르드^{Christine Lagarde}도 비트코인을 비롯하여 현재 유통되는 대부분의 제1세대 암호화폐는 투기자산이며, 통제에서 벗어나 있어 자금세탁 범죄에 악용되는 사례가 늘고 있기 때문에 세계 각국이 동일한 규제를 가지고 대응해야 한다는 주장을 굽히지 않고 있다. 그러면서, 암호화폐의 가치와 유용성은 인정하기 때문에 디지털 유로를 최대한 빨리 출시하겠다고 말했다. 국제 자금세탁방지기구^{FATF}가 2019년 6월에 발표한 가상자산 이동 추적과 금융 당국이 요구할 때 가상자산 내역 및 거래 정보 제공을 의무화하는 일명 '트래블 룰^{Travel Rule}'도 2021년 3월부터 시행됐다. 정부가 암호화폐 거래를 들여다보기 시작하면, 정부 감시를 피해 이주해 온 불법 자금들이 다른 은신처를 찾아 떠나게 된다.

자산 가치가 없으면 사라진다

최근 들어서는 비트코인에 대한 일반 대중의 관심도 줄어들고 있다. 2020년 12월 21일, 한 온라인 신문에 글로벌빅데이터연구소에서 비트코인에 대한 대중의 관심도를 분석한 내용이 실렸다. 글로벌빅데이터연구소는 지난 39개월(2017년 9월~2020년 11월) 동안 21만 개 사이트에 등장한 비트코인에 대한 정보를 월 단위로 분석했다. 결과는 어땠을까? 2020년 12월 기준으로 비트코인에 대한 온라인 관심도는 2018년 1월 대비 4분의 1 수준으로 줄었다. 2018년 1월 비트코인 가격이 대폭락을 한 것이 결정적인 계기였다. 당시 비트코

● 그림 4-12 **최근 3년여간 비트코인 월별 관심도(온라인에서 언급된 정보 건수)**

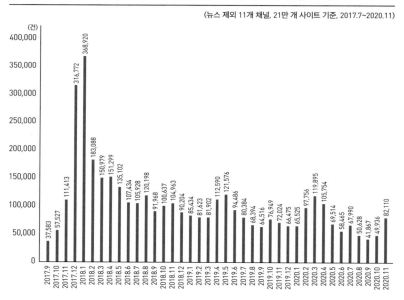

(뉴스 제외 11개 채널, 21만 개 사이트 기준, 2017.7~2020.11)

자료: 글로벌빅데이터연구소, 2020년 12월 21일 이건한 기자의 블로터 기사 제안용

인 관련 정보는 36만 8,920건으로, 최고 기록을 세운 이후 급격히 줄었다.

역사적으로 수많은 투기 대상이 존재했다. 역사가 말해주는 진실은 이렇다. '모든 투자상품의 거품 가격은 본래 자산 가치로 회귀한다.'

본래 자산 가치가 조금이라도 있으면, 생존은 한다. 하지만 본래 자산 가치가 전혀 없으면, 사라진다. 꽃값은 꽃의 본래 가치로, 상품은 상품의 본래 가치로 회귀한다. 비트코인도 마찬가지다. 비트코인 가격이 1달러로 폭락하는 이유는 간단하다. 투기적 거래가 일어나기 전인 2010년 비트코인 가격은 10센트였다. 2009년 10월 5일 'New Liberty Standard'라는 닉네임을 사용하는 비트코인 수집가가 달러 대비 비트코인 환율을 최초 공시할 때 1비트코인은 0.0008달러였다. 서두에 소개했듯이, 2010년 5월 22일 라스즐로 핸예츠는 1만 비트코인으로 피자 2판을 구입했다. 2011년 2월 9일 1비트코인이 1달러로 달러와 등가에 도달했다. 이 시점이 비트코인 가격이 시장 질서에 의해서 자연적으로 생성된 이성적 가격이었다.

단, 특정한 투기 상품이 완전히 종말을 맞아 본래 가격으로 되돌아가는 시기는 생각보다 오래 걸린다. 1590년대 말에 시작된 튤립 버블도 1600년대 초반까지 꽤 오랫동안 지속됐다. 이런 역사를 참고하면, 비트코인 가격이 투자자들 사이에서 개당 수천만 원을 호가하는 상황이 충분히 이해할 수 있고, 이런 비이성적인 투자 광풍이 생각보다 오래갈 수도 있을 것으로 예측할 수 있다. 나도 내일 당장 또는 아주 가까운 미래에 비트코인이나 이더리움 등의 암호화폐 자산 가격이 제로가 되는 시점이 들이닥칠 것으로 예측하지는 않는다. 하지만 거기까지다.

CBDC 발행: 앞서가는 중국, 뒤처진 미국

CBDC가 발행되면 종이돈은 종말을 맞이할까? '중앙은행권 디지털 화폐'라는 뜻을 가진 CBDC는 제임스 토빈James Tobin 예일대 교수가 정부를 최소화하는 방법으로 최초로 제안했다. 현재 전 세계에서 CBDC 발행을 주도하고 있는 나라는 중국이다. 중국과 치열한 패권 전쟁을 벌이고 있는 미국의 CBDC 발행 행보는 중국보다 느리다. 미국 정부의 CBDC 기술이 중국보다 뒤처져서 그럴까? 아니다. 그러면, 미국 정부의 CBDC 발행 행보가 중국보다 느린 이유가 무엇일까?

CBDC 발행에서 왜 미국은 중국보다 느릴까

첫째, CBDC 발행 주체에 대한 고민 때문이다. 1996년, 미국 재무부도 미래 어느 날에 미국 정부가 국민의 편의를 위해서 새로운 전자화폐를 만든다면 어떤 문제를 다루어야 하느냐에 대한 보고서를 내면서 CBDC라는 용어를 공식적으로 언급하기 시작했다. 하지만 그 보고서에서 중심을 둔 내용은 CBDC 발행의 필연성이 아니었다. 미국 재무부가 던진 논제는 이것이다. 종이로 화폐(은행권)를 만들 때는 위조지폐 문제가 발생하기 때문에 조폐공사가 화폐 발행을 독점하는 것이 맞지만, 디지털화폐를 발행할 때가 되면 민간 기술이 더 앞설 수 있기 때문에 디지털화폐 발행을 정부가 독점할 필요가 있을까에 대한 것이었다. 현재 중국에서 정부가 디지털화폐 발행을 독점하겠다는 발상과 전혀 다른 시각이었다.

둘째, CBDC를 기존 종이화폐를 대체하는 새로운 법정화폐로 채택할 경우 금융 시스템을 전반적으로 새롭게 설계해야 하기 때문이다. 중앙은행이 종이화폐를 더는 발행하지 않고 디지털 세계 안에서 블록체인으로 신뢰 보증 기능을 구현하는 디지털화폐만 발행하면, 조폐공사만 사라지는 게 아니다. 기존 상업은행도 사라질 수 있다. 블록체인 기반 디지털화폐를 사용하면, 인터넷 네트워크에 돈을 보관하는 시대가 열린다. 모든 사람이 기존 상업은행에 돈을 보관하지 않으면, 상업은행은 고객 예치금을 밑천으로 신용대출을 발생시키는 기능을 잃어버린다.

CBDC가 발행됨으로써 민간 상업은행이 신용대출 발생 기능을 상실하면 어떤 일이 벌어질까? 우선, 은행이 요구불예금을 기반으로 장기 대출을 해주는 '만기 전환 기능'이라는 사회적 공공재가 없어진다. 현재 민간 상업은행은 블록체인 기술을 적용한 탈중앙금융 DeFi(디파이) 트렌드로 심각한 위기에 직면해 있다. 강력한 보안 기능을 앞세운 블록체인 기술은 365일 24시간 실시간으로 운용할 수 있다는 특징을 앞세워 기존 상업은행이 독점했던 금융 서비스를 하나씩 대체해나가고 있다.

예를 들어, 블록체인 기술은 해외 송금에서 위력을 발휘한다. 기존 은행 시스템을 이용하면 국가 간에 송금할 때 높은 수수료를 지불해야 한다. 하지만 블록체인 기술을 이용하면 비용을 대폭 낮출 수 있다. 최근 페이스북은 사명을 메타로 바꾸고 블록체인 기반으로 이더리움 네트워크상에서 운용되는, 달러와 가치가 1:1로 고정된 스테이블코인을 활용해서 미국과 과테말라에서 해외 송금을 무료로 할 수 있는 시범 서비스를 내놓았다.[37] 이런 상황에서 민간 상업은행들이 신용 창출 기능마저 상실하면 개인이나 기업 예금 대신 투자 자금을 모아서 단기·중기·장기 투자를 하는 투자 회사로 바뀌게 된다.

그러면 기존 상업은행이 담당했던 신용대출 기능은 누가 담당해야 할까? CBDC 발행을 담당하는 중앙은행이 대신해야 한다. 현재는 중앙은행이 상업은행만을 상대하는 구조이지만, 미래에는 중앙

은행이 상업은행·기업·개인(내외국인)을 모두 상대해야 한다. CBDC
가 기존 종이화폐를 완전히 대체하면, 중앙은행이 상업은행이 되어
버린다. 외국인과 직접 상대를 하게 되면, 한국의 중앙은행인지 글
로벌 중앙은행인지에 대한 정체성 재정립도 필요해진다.

이런 구조는 CBDC 법정화폐 시스템을 통해 빅브러더 욕망을 실
현하려는 세력에게 매우 유리하다. 하지만 그렇지 않은 나라라면 당
장은 득보다 실이 더 클 수 있다는 우려가 나올 만하다. 금융 시스템
전체가 중앙은행으로 집중되는 구조를 피하려면, CBDC를 다시 민
간 회사에 예치하고 이를 기반으로 신용대출을 일으키는 새로운 서
비스를 만들어야 한다.

셋째, CBDC를 발행함으로써 전 국민이 접근할 수 있는 상업은행
시스템이 무너지면, 전 국민에게 CBDC를 사용할 수 있는 개인 단말
기(스마트폰, 또는 디지털 단말기)를 제공해야 한다. 이 문제를 해결하지
않으면, 디지털 격차처럼 '화폐 격차'가 발생하게 된다. 참고로, 디지
털TV 방송 역사가 오래됐지만, 여전히 산간 오지나 극빈층 주거 지
역 일부에서는 사각지대가 존재한다. 방송 사각지대는 정보의 격차
를 만들지만, 화폐 사각지대는 생존을 위협한다. 국민 평등권의 심
각한 침해가 일어나서 법정 소송도 빈번해진다. 예를 들어, 비트코
인을 CBDC로 선포한 엘살바도르는 이 문제를 해결하지 않아서 혼
란이 가중되고, 부의 격차도 심해지고 있다.

실제로, 스웨덴에서는 이런 문제 때문에 CBDC를 법정화폐로 할

수 없다는 법적 해석이 나왔다. 스웨덴은 영토는 넓고 국민 수는 적다. 북유럽에 있기 때문에 눈이 많이 와서 장거리 이동이 매우 불편하다. 이런 환경 제약 때문에 스웨덴의 한 식당 주인은 은행 가는 것이 불편하다는 이유로 현찰을 거부하고 신용카드 결제만 강제했다. 그러자 법정 소송이 일어났고, 법원은 식당 주인이 법정화폐인 현찰을 거부할 수 있다고 손을 들어줬다. 스웨덴 법원은 같은 이유로 중앙은행이 CBDC 발행을 거론하자, 화폐 격차로 인해 발생할 수 있는 국민 평등권의 심각한 침해를 언급하면서 스마트폰을 전부 나눠주어야 한다는 전제를 내걸었다. 사실상 CBDC의 법정화폐 가능성을 차단한 유권해석이다.

넷째, CBDC 발행에 필수적인 블록체인 기술을 공적^{public}으로 할 것인가, 아니면 사적^{private}으로 할 것인가도 논란의 대상이 된다. 공적 블록체인 기술은 누구나 분산원장을 볼 수 있다. 대신, 블록체인 기술의 보완성을 높이는 데 결정적인 요소인 분산원장의 규모를 늘리는 것에 대한 '인센티브' 부여가 필수적이다. 아무런 보상도 없이 특정 블록체인을 형성(원장을 분산해서 사슬로 엮어 보완성을 강화해나가는 작업)하는 데 자기 컴퓨터를 활용해서 자발적으로 기여할 사람은 많지 않기 때문이다. 반면, 폐쇄된 집단 내에서만 분산원장을 볼 수 있는 사적 블록체인은 이미 정해진 사람들만이 블록체인 기술을 사용하기 때문에 인센티브가 필요 없다. 국가가 발행하는 CBDC가 대표적이다. 하지만 CBDC 발행에 채굴이라는 인센티브 방식을 도입하지 않는다면, 기존의 신용카드나 인터넷을 통한 화폐 유통과 무슨 차이가 있느냐는 논란도 제기될 수 있다.

CBDC 발행으로 발생 가능한 문제는 더 있다. 중앙은행이 CBDC를 발행하면, 전 세계 사이버 해킹의 최우선 표적이 된다. CBDC가 발행되면, 현찰이 갖는 '익명성'도 사라진다. 정부가 중앙은행을 통해 빅브러더 변신 가능성을 높일 수 있게 된다.

CBDC 발행, 언젠가는 해야 할 일

이런 문제들이 있음에도, 미국과 유럽 등 선진국 정부가 언젠가는 CBDC를 발행할 수밖에 없는 이유도 있다. 가장 큰 이유는 중국 정부의 CBDC 발행 속도와 목적 때문이다. 미국과 유럽연합은 중국 정부가 CBDC 발행을 통해 미래의 기축통화국 지위 획득과 위안화 CBDC를 기반으로 한 새로운 글로벌 금융 시스템 구축에서 앞서가려는 전략을 반드시 저지해야 한다.

또 다른 이유도 있다. 〈그림 4-13〉에서 볼 수 있듯이, 미국 달러화 지폐의 가치가 계속 하락하고 있다. 미국 정부는 달러화 가치가 하락할 때마다 창의적 해법을 모색했다.

미래에도 달러화 가치 하락에 대한 불만은 계속 나타날 것이다. 1970년대 초반 원유 시장의 달러 결제 시스템을 통해 '금 태환 중단'

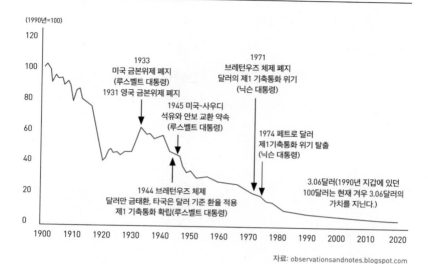

● 그림 4-13 **달러 가치 변화 추이: 달러 구매력 기준**

(1990년=100)

1933
미국 금본위제 폐지
(루스벨트 대통령)
1931 영국 금본위제 폐지

1945 미국-사우디
석유와 안보 교환 약속
(루스벨트 대통령)

1971
브레턴우즈 체제 폐지
달러의 제1 기축통화 위기
(닉슨 대통령)

1974 페트로 달러
제1기축통화 위기 탈출
(닉슨 대통령)

3.06달러(1990년 지갑에 있던
100달러는 현재 겨우 3.06달러의
가치를 지닌다.)

1944 브레턴우즈 체제
달러만 금태환, 타국은 달러 기준 환율 적용
제1 기축통화 확립(루스벨트 대통령)

자료: observationsandnotes.blogspot.com

위기를 극복하고 기축통화 지위를 지켜냈듯이, 또 다른 창의적 해법을 모색해야 한다. 원유처럼 규모가 크고 반드시 필요한 자산이 무엇일까? 예상되는 우선순위가 CBDC 발행이다. 미국 정부가 CBDC를 발행하여 가상자산 시장 및 암호화폐 시장에서 제1 기축통화 역할을 하도록 시스템을 만든다면, CBDC는 미국 재무부가 발행하는 국채처럼 달러 유동성을 흡수하면서 달러 가치를 방어할 대안 중 하나가 된다.

만약 미국 정부가 이런 시도를 하지 않는다면, 중국의 CBDC인 디지털 위안화가 그 자리를 차지할 가능성도 있다. 그러면 디지털 위안

화의 위상은 순식간에 폭등하고 미국 달러(종이화폐) 가치는 급락할
수 있다. 실제로, 미국 의회는 메타가 최초에 제안했던 여러 가지 통
화를 섞어서 만드는 스테이블코인이 IMF의 SDR과 개념상 큰 차이
가 없다는 이유로 발행을 불허했다. 암호화폐의 미래는 막을 수 없지
만, 법정통화 또는 기축통화에 위협되는 요소는 막겠다는 속내다.

비트코인이
기축통화가 될 수 있을까

미국 입장에서 보면, 미래의 가상자산 시장 및 암호화폐 시장에서 제1 기축통화 지위를 위협하는 것이 또 있다. 비트코인이다. 현재 제1세대 암호화폐 시장에서는 비트코인으로 다른 모든 암호화폐를 사고팔 수 있다. 즉, 기축 기능이다(참고로, 비트코인을 원화나 달러로 사고파는 시장과 비트코인으로 다른 암호화폐를 사고파는 시장이 따로 존재한다). 그리고 비트코인은 금과 비교되면서 다른 암호화폐의 가격 움직임의 기준점도 되고 있다. 비트코인이 실질적으로 제1 기축통화 역할을 하고 있는 셈이다.

금 vs. 비트코인

글로벌 투자은행 모건스탠리는 현재 금의 총가치가 전 세계 GDP의 10% 정도인데, 2025년에는 비트코인의 총가치가 금 총가치의 절반 정도까지 이를 것으로 전망했다. 모건스탠리가 발행한 한 보고서에서는 금과 비트코인을 다섯 가지 범주에서 비교하면서, 현재는 금이 약간 우세하지만 비트코인의 잠재력을 긍정적으로 평가했다.

- Divisibility(자를 수 있는가?): 금은 쪼개서 판매하는 데 한계가 있지만, 비트코인은 얼마든지 작은 단위로 쪼개서 팔 수 있다(토큰화).
- Portability(어떤 것이 이동성이 더 좋은가?): 금은 무거워서 이동성에 한계가 있지만, 비트코인은 디지털이기 때문에 이동성이 매우 좋다.
- Scarcity(어떤 것이 희소성이 더 좋은가?): 비트코인은 현재 1,800만 개이고 최종 2,100만 개가 전부다. 금은 20만 톤이고 앞으로 5만 톤이 추가로 채굴될 수 있다.
- Intrinsic value(어떤 것이 내재가치가 더 좋은가?): 현재로는 금이 더 앞선다.
- Volatility(어떤 것이 더 안정적인가?): 현재로서는 금이 더 안정적이다.

여기에 한 가지를 더 추가하자면, 금은 '변형 잠재력'이 있지만 비트코인은 없다는 점을 들 수 있다. 금은 다른 금 가공품(금 장신구 등)으로 만들어 실물경제에서 금의 가치를 추가로 증가시킬 수 있는 '변형 잠재력'이 있다. 하지만 비트코인은 단순히 대체 화폐의 일종으로 국한된다.

과연 먼 미래에 비트코인이 달러를 밀어내고 제1세대 암호화폐 시장을 넘어 미래 디지털화폐 시장에서 전 세계 제1 기축통화가 될 수 있을까? 일단, 비트코인이 미래 디지털화폐 시장에서 전 세계 제1 기축통화가 된다면 어떤 일이 벌어질지를 예측해보자.

비트코인이 기축통화가 된다면

비트코인은 화폐의 '탈중앙화'를 목적으로 만들어졌다. 그리고 CBDC는 암호화폐의 '중앙화'를 목적으로 만들어진다. 과연 어떤 것이 화폐 가치를 유지하기에 더 나을까? 나의 분석과 예측으로는 비트코인이 높은 변동성 문제를 해결하지 않는 한, '탈중앙화'가 더 큰 위험성을 갖게 된다. 비트코인은 무한히 찍어낼 수 있는 종이화폐의 부작용을 대체한다는 명분으로 총발행량이 제한되어 있다. 하지만 이런 특징이 치명적인 단점이 될 수 있다. 제한된 발행량 탓에 인구가 계속 폭발적으로 증가하는 나라 또는 전 세계 단위에서는 법정화폐 기능을 하기가 힘들어진다. 법정화폐가 되려면 2,100만 개로는 턱없이 부족하다. 1명에게 비트코인 1개만 주더라도 2,100만 명이 최대이기 때문이다. 그것도 평생 그렇다. 금 채굴량이 인구 증가 속도를 따라가지 못해서 법정화폐 기능을 상실한 것과 마찬가지다.

비트코인은 발행 제한량이 2,100만 개밖에 되지 않는 희소성 때문에 시간이 지날수록 가격 상승 기대감이 커지면서 변동성도 커진다. 만약 비트코인이 달러를 대신해서 제1 기축통화가 되면 희소성에 따른 가격 상승 기대감이 지금보다 수십, 수백 배 커질 것이다. 하지만 비트코인의 총량은 2,100만 개로 제한되어 있기 때문에 전 세계 기축통화로 사용하여 원활한 경제활동을 하려면 1비트코인을 계속 잘게 쪼개는 토큰화의 끊임없는 반복이 필수다. '토큰화'는 블록체인 기술을 통해서 적은 비용으로도 매매가 가능하도록 매우 작은 단위의 블록으로 쪼개서 거래하는 방식이다. 하지만 토큰화를 화폐 자체에 적용하면 그 자체로 과거 로마 시대에 황제들이 금화 유통량을 늘리기 위해 금화를 제조할 때 실제적 금 함유량을 낮추는 것과 같은 효과가 발생한다. 비트코인을 이미 보유하고 있는 사람 입장에서는 토큰으로 쪼갤수록 화폐 가치 상승효과가 나지만, 뒤늦게 비트코인을 구매해야 하는 사람 입장에서는 토큰이 쪼개질 때마다 화폐 가치 하락 효과가 발생한다. 처음 구매한 사람과 비교도 안 되는 엄청난 가격을 지불해야 한다.

비트코인은 2019년 5월 12일 4년 주기 반감기를 지나면서 채굴자에게 주어지는 보상이 블록당 12.5BTC에서 6.25BTC로 감소했다. 그만큼 신규 채굴량도 이전의 절반으로 줄었다. 공급량 감소가 계속되지만, 비트코인 투자 합법화로 기관 투자자 편입이 늘어나고 투기적 욕구도 커지면서 거래 시장에서 비트코인의 매도 물량마저 말라가자 가격 폭등이 지속되고 있다. 무분별한 화폐 유동성 공급 부작용을 막기 위해 공급량 제한 정책을 고수했는데, 그것이 오히려 더 큰 문제를 만들어낸 셈이다. 정부나 기업의 통제를 벗어난 자유로운 발행권이라는 특징이 더욱 심한 유동성 불신과 투기적 가격과 위험한 거래를 낳는 모순된 상황을 만들고 있다. 달러를 무한히 찍어내는 부작용을 막기 위해 발행한 비트코인이 달러가 걸어온 길을 답습하는 꼴이 되고 있다.

참고로, 토큰은 대체가능토큰과 대체불가토큰[NFT]으로 나뉜다. 예를 들어, 피카소의 작품에 대한 토큰과 이수근 화백의 작품에 대한 토큰은 1:1 맞교환이 불가능하다. 가치가 서로 다르기 때문이다. 그래서 대체불가토큰이라고 한다. 하지만 1개의 비트코인은 다른 1개의 비트코인과 교환이 가능하다. 그래서 대체가능토큰이다.

비트코인은 소유권이 완전하게 보호되지 않는다는 단점도 있다. 금융권에서 사용하는 '원장'이라는 단어는 국가가 소유권을 보증해주는 문서를 가리킨다. 원장을 만든다는 이야기는 소유권 분쟁이 생기면 최종적으로 국가가 법률로 원장에 적힌 바를 보증한다는 의미다. 하지만 블록체인에서 사용하는 원장의 개념은 국가가 소유권을 보증해준다는 뜻이 아니라, 수많은 컴퓨터가 동시에 '기록'을 가지고 있어서 '소유권의 신뢰도를 높인다'라는 의미로 국한된다. 비트코인은 잃어버리면 끝이다. 국가가 발행하는 CBDC는 국가가 법률로 원장에 적힌 바를 보증해주지만, 비트코인은 국가가 보증해주지 않는다.

여기에 비트코인은 중앙에서 누군가가 또는 정부가 가치 변동에 개입하는 장치가 없다. 비트코인 시장 참여자들의 미래 기대가 가치 변동을 주도한다. 즉, 실물 시장에서 필요한 화폐 공급량 또는 정책 설계자들이 목표로 하는 화폐 공급량 계산법이 아니라 시장 참여자들의 투자 심리가 토큰화가 어느 정도 필요한지를 결정하는 데 핵심 요소다. 이처럼 높은 변동성과 급격한 화폐 가치 하락 위험을 가진 화폐를 기반으로 장기 신용대출을 해주는 '만기 전환 기능'이라는 사회적 공공재를 만들면 어떻게 될까? 글로벌 금융 시스템 전반이 매우 높은 변동성에 휩쓸리게 된다. 글로벌 금융 시스템이 매일 매 순간 높은 변동성을 유지하면 시장에서는 화폐 및 금융 신뢰도의 하락이 일어나고, 실물경제가 어지럽게 흔들리면서 시시각각 롤러코스터 현상에 빠진다.

법정화폐는 국가가 보증하는 돈이다

법정화폐는 사회적 합의가 중요하다. 합의는 곧 신뢰다. 사회적 합의의 범위(거래 수단, 저장 수단 등 돈의 기능으로 인정하기로 합의한 사람들의 규모)가 그 돈의 가치이며 신뢰도다. 소수의 사람이 동의하는 마을 화폐도 있다. 하지만 그 화폐는 그 정도의 가치와 신뢰도만 갖는다. 현재 비트코인의 가치는 그런 적정한 가치를 넘어선 극단적인 비이성적 버블 가치를 가지고 있다. 변동성이 엄청나게 크면 화폐로서 신뢰도가 쌓이지 못해 실질 화폐 역할을 하기 힘들다. 금이 화폐 기능을 '거의' 상실한 이유다.

지금도 어떤 사람 또는 어떤 가게에서는 종이돈 대신 금이나 은을 받고 물건을 팔거나 서비스를 제공할 수 있다. 하지만 금은 화폐의 주요 역할 중에서 '교환 기능'을 거의 상실한 과거 화폐다. '디지털 금'이라고 불리는 비트코인도 마찬가지다. 암호화폐는 금이나 은이 현금처럼 물건 구매에 사용하는 화폐 기능을 완전히 상실한 것처럼, 화폐가 필수적으로 갖춰야 할 '교환 기능'은 (명목상으로는 가능한 영역들이 있지만) 실제로는 거의 작동하지 않는다. 비트코인으로 세금을 냈는데, 차를 샀는데, 집을 구매했는데, 비행기 티켓을 구매했는데 다음 날 10~20%가 상승하거나 하락했다고 가정해보자. 10억짜리 아파트를 구매했는데, 다음 날 2억을 손해 본 상황이 된 것이다. 정상적인 국가라면 이런 변동성을 가진 비트코인으로 세금을 받지 않을 것이다.

법정화폐는 국가가 보증하는 돈이라는 의미다. 세금은 국가 보증의 대표적 방식이다. 국가가 인정한 법정화폐로만 세금을 받아줄 수 있다는 약속이 가장 강력한 국가 보증 방식이다. 이는 화폐가 탄생한 최초의 순간부터 유지되어온 방식이다. 텔레스틱도 같은 방식이었다. CBDC를 발행하는 국가에서는 비트코인 등 암호화폐로 세금을 낼 수 있도록 허용해주지 않을 것이다. 지금 우리가 주식이나 채권으로 세금을 낼 수 없는 것과 마찬가지다. 주식이나 채권을 팔아 법정화폐인 원화로 바꿔서 내야 한다.

그럼에도 비트코인을 법정화폐로 지정한다면, 국가 전체가 큰 투기판이 된다. 현재 엘살바도르에서 일어나고 있는 실제 상황이다. 국가 경제 거래를 유지시키는 화폐 변동성이 커진다는 것은 자고 일어나면 매우 높은 인플레이션이 발생해 있고, 또 자고 일어나면 매우 심각한 디플레이션이 발생해 있고 하는 상황이 매일 반복되는 셈이다. 이렇게 되면 국가 경영이 힘들고, 시장 유지가 힘들고, 개인의 일상생활이 피폐해진다. 지금도 가격의 등락이 너무 심해서 24시간 들여다보지 않으면 불안한데, 이런 화폐를 국가 경제의 기본이 되는 화폐로 삼으면 국민 전체가 이런 생활을 평생 해야 한다. 가능하냐 아니냐를 떠나서 이런 생활을 온전하고 건강한 것이라고 할 수 있을까? 그렇다고, 물건을 팔고 대금으로 비트코인을 받은 사람들이 비트코인 하락에 대비하기 위해서 매번 헤지 상품을 구입할 수도 없다. 그것 자체가 일반인에게는 어려운 행위이고, 할 수 있다고 하더라도 엄청난 혼란과 다양한 부정적 파생 결과를 만들어낼 가능성이 농후하다.

만약 비트코인이 (한 국가에서든 전 세계 단위에서든 법정화폐 수준의 신뢰를 얻기 위해) 높은 변동성 문제를 해결하고 가치 변동이 적은 안정적인 암호화폐로 안착된다면, 지금처럼 투자자들이 몰려들까? 현재도 달러에 투자하는 개인이 얼마나 되는가? 결국 현재 대부분의 암호화폐 투자자는 '탈중앙화'에 열광하는 것이 아니라, 높은 변동성으로 인해 발생하는 큰 투자 기회에 열광하는 것이다. 즉, 암호화폐에 열광하는 사람들도 사실은 화폐가 아니라 투자자산으로 인식하는 것이 절대적이다. 변동성이 높은 비트코인은 태생적으로 법정화폐가 되지 못할 운명이다. 변동성이 적은 비트코인이 되면 투자 매력이 떨어지고, 투자 매력이 떨어지면 네트워크 효과를 상실하기 때문이다.

디지털화폐 전쟁에서
살아남으려면

과거 화폐의 역사를 보면, 기술적으로 가장 뛰어난 것이 늘 선택을 받았다. 조개·소금 등 실물 화폐는 금속으로 만든 동전 주조술에 밀려났고, 동전은 지폐 인쇄술에 밀려났으며, 종이화폐는 거래에서 신용카드나 전자화폐에 계속 밀리고 있다. 이런 흐름을 생각하면, 현재의 화폐가 미래에는 디지털 가상화폐로 전환되리라는 것은 '이미 정해진 미래'다.

그럼에도 나는 가까운 미래든 먼 미래든, 비트코인이나 이더리움 등 제1세대 암호화폐가 미래의 CBDC가 될 가능성은 여전히 낮다고 예측한다. 당분간 제1세대 암호화폐는 파생상품 거래나 ETF 구성 대상으로도 인정받으면서 인플레이션 헤지용 투자 대상, 짧은 시기에 큰돈을 버는 투기 수단, 세금 납부를 회피하거나 음성 거래를 위한 유용한(?) 도구로 안착하는 데 머물 가능성이 크다. 이 과정에서 비트코인 가격이 단기적으로 10만 달러를 돌파할 가능성은 있다. 하지만 이런 단기적 가격 상승이 금이나 부동산 또는 달러처럼 매우 오랫동안 장기적이고 안정적이며 지배적인 자산 보유 수단으로 인정받는 미래를 담보하진 않는다.

일부에서는 시간이 지나면 비트코인이 부자들의 지배적 자산 보유 수단으로도 안착하리라고 전망하기도 한다. 이런 목소리에 귀를 기울이는 것을 막을 수는 없지만, 나는 현재 거래되는 제1세대 암호화폐 대부분이 투자(또는 투기) 대상으로서 가치마저 잃게 될 가능성에도 대비하라는 조언을 덧붙이고 싶다. 물론 이 책의 독자라면, 나의 이런 예측이 암호화폐 전체의 몰락과 비효용성을 말하는 것이 아니라는 점을 이해할 것이다. 비트코인이나 이더리움 등 현재 존재하는 제1세대 암호화폐도 과거 기술혁명기에 나타난 새로운 제품과 서비스들이 걸어간 길을 답습할 가능성이 충분히 있다는 말이다. 그리고 법정화폐의 지위 또는 기축통화 지위는 각국 정부(중앙은행)가 결코 포기하지 않을 사안이라는 현실도 받아들여야 한다.

치열한 생존 경쟁 지속되는 암호화폐 시장

암호화폐 시장에서 생존 경쟁도 치열해진다. 암호화폐 시장 또는 디지털화폐 시장이 점점 커지고 피할 수 없는 미래이기 때문에 글로벌 기업이나 각국의 대기업 등이 각기 자신들의 네트워크를 기반으로 한 새로운 디지털화폐를 속속 공개할 가능성도 크다. 일부는 현재 제1세대 암호화폐처럼 '네트워크 규모'에만 기반을 둔 것일 테고, 일부는 금, 달러, 각국의 법정화폐, 회사의 신용이나 주식 등 상대적으로 안정적인 실물 자산에 페그되어 변동성이 적고 예측 가능한 가격을 유지하는 새로운 암호화폐가 될 것이다. 이미 코인 1개를 1달러와 강제 연동시키는(달러 페그제) '스테이블코인'이 등장했다. 2020년 10월 27일, 글로벌 투자은행 JP모건도 블록체인 기반 글로벌 B2B 결제 솔루션에 이용되는 자체 스테이블코인 'JPM'을 공식 상용화한다고 발표했다.

지금도 '화폐'라는 이름만 붙지 않았을 뿐 기업이 발행하는 '화폐 또는 투자 기능'을 가진 것이 많다. 상품권, 회사채 등이다. 미래에는 이런 것들도 모두 '디지털화폐'로 바뀌어 재발행될 것이다. 상품권, 회사채, 마일리지 등을 암호화폐로 대체하여 재발행하면 디지털화폐의 장점과 암호화폐 거래 시장에서의 거래 가능성이라는 장점을 수용할 수 있기 때문이다. 현실세계의 부동산이나 각종 특이한 상품, 음악 저작권이나 메타버스 안의 디지털 상품 등 각종 디지털 자산에 연동된 '자산 기반 증권화 토큰^{digital asset-backed securities}'도 미래 디지털화폐 시장에서 일정한 영역을 차지할 가능성이 있다. 이런 토큰 거래 방식이 활성화되면, 개인들도 자기가 가진 모든 유무형의 자산을 시장에 내놓고 투자자를 모집하고 미래 디지털화폐 시장에서 거래할 수 있다. 각종 유무형 자산을 블록체인 기술을 이용하여 '증권화 토큰'으로 만들면 글로벌 단위의 유동화 가능성이 열린다. 예를 들어, 내가 가진 현실세계의 부동산도 인터넷을 통해서 전 세계 누구에나 팔 수 있게 된다. 거래 편리성도 커진다. 내가 내 부동산 증권을 살 사람을 직접 찾아다닐 필요가 없고, 매매를 맡길 중개인을 찾을 필요도 없어진다. 신뢰를 보증하는 서류 작성 등도 필요 없다. 익명성도 보장될 수 있다. 물론 진짜 팔리느냐는 별개의 문제다. 국가가 원하는 세금 징수(불법 거래, 지하 자금, 탈세 등)와 불법 상품(마약, 총기 등) 구매 제한이라는 법적 문제와 충돌하는 지점을 해결해야 한다는 난관도 있다.

세 가지 생존 조건

암호화폐의 특징을 거론할 때 가상, 분권화, 오픈 소스 기반의 자생성, 익명성, 네트워크, 탈국경, 탈국가를 거론한다. 하지만 나는 비트코인, 이더리움, 도지코인 등 제1세대 암호화폐가 미래에도 오래도록 살아남으려면 세 가지 조건을 갖춰야 한다고 생각한다(참고로, 앞으로 등장할 각종 디지털화폐도 세 가지 조건을 갖춰야 생존이 가능하다).

첫째, 가격이 '적정한 수준'의 안정 구간에서 움직여야 한다. 정상적 통화의 환율은 금이나 달러에 고정하거나 국가의 경제력을 포함한 다양한 국가 역량이 반영되어 달러나 상대국 통화를 기준으로 상대적 가치가 평가된다. 비트코인은 최초의 암호화폐, 희소성, 가장 큰 네트워크 같은 1등 프리미엄을 반영해도 최소한 100달러에서 1,000달러 사이가 적정 가격일 것이다. 이 가격대에서 장기간 큰 변동성 없이 안정적으로 움직여야 금이나 달러 등과 연동돼 환율 시장에서 거래될 수 있다.

둘째, 가격이 안정선으로 회귀한 후에도 사용자 이탈이 적어야 한다. 사용자 숫자가 유일한 장부가치이기 때문이다. 가격이 하락한 시점을 노려서 각국 정부가 강력한 규제책을 추가로 내놓겠지만, 그런 상황에서도 사용자 이탈이 적어야 한다. 암호화폐의 장점 중 하나는 지구상 어디든 원하는 곳으로 자산을 보낼 수 있다는 것이다. 하지만 이런 장점은 세금을 걷어야 하는 국가 입장에서는 반드시 규제해야 할 영역이다. 암호화폐가 외환 거래와 같은 수준의 정부 규제를 받기 시작하면, 외환 거래의 자유를 얻는 데 목적을 두는 투자자 입장에서는 구매 매력이 떨어지면서 이탈 동기가 생길 것이다. 사용자가 대규모로 이탈하면 비트코인 가격은 더욱 하락하고, 금이나 다른 실물 통화와 연동하여 거래하기 힘들어진다. 결국 장부가치가 제로가 되거나 자본이 잠식된 회사 주식 또는 부도난 국가의 채권처럼 거래정지나 퇴출 대상이 되고 만다.

마지막으로, 비트코인을 대규모로 보유한 주체들이 채굴 이익을 크게 바라지 않고 화폐의 세 가지 속성(교환의 매개, 가치 측정 척도, 가치 저장 수단)과 관련된 서비스를 제공하는 기반을 만들고 유지하는 데 중점을 두면, 거래 시스템 붕괴를 막을 수 있어서 생존할 수 있다.

비트코인이 아닌 다른 암호화폐들도 이 조건들을 갖추면 시장의 일정 부분에서 살아남을 수 있다. 과연 제1세대 암호화폐들이 이런 조건을 갖출 수 있을까? 이에 대한 대답은 나와 당신이 다를 수도 있다. 하지만 그 답이 무엇이든 중요하지 않다. 내가 이 책을 통해 최종적으로 조언하고 싶은 바는 이것이다. 암호화폐 투자자라면, 가깝게는 제1세대 암호화폐의 특성을 이해하고 멀게는 미래 디지털화폐 시나리오 전체를 알고 투자에 임했으면 하는 것이다.

사고의 폭을 넓히는
기회가 되었기를

2009년에 첫 번째 시나리오를 공식 발표한 이후 14년 동안, 미래학자로서 수많은 시나리오를 발표했다. 이 책의 독자 중에서는 내가 발표한 다양한 시나리오를 접해본 이들도 많을 것이다. 당연한 얘기지만, 그 시나리오들이 전부 다 현실이 된 것은 아니다. 세상이 시나리오와는 다른 방향으로 움직인 것도 있다. 그렇다고 해서 '어차피 맞힐 수 없는 것이니 미래를 전망하고 시나리오를 세우는 것은 무의미하다'라고 성급히 단정하진 말기 바란다. 과학적 가설도 실제와 다를 가능성을 내포하고 있으며, 실제로 그렇다고 밝혀진 사례도 많다. 하지만 결국 틀린 것으로 밝혀진 가설도 인류 문명이 발전하는 데 크게 이바지했다. 가설의 목적이 탐구에 있기 때문이다. 가설을 세우는 행위는 맞느냐 틀리냐를 떠나서 인류의 위대한 탐구를 이끄는 원동력이다. 나는 미래 시나리오와 예측의 목적도 같다고 주장한다. 예측 시나리오를 세워서 미래를 미리 생각해보고, 더 나은 미래를 탐구하는 행위는 엄청난 가치가 있다. 내가 '미래 디지털화폐 전쟁 시나리오'를 제시하면, 이를 접하는 사람들이 작게는 암호화폐 시장의 다양한 미래를 생각해보는 통찰력을 기를 수 있고, 크게는 앞으로 나타날 새로운 가상 금융 시스템과 그에 따른 새로운 비즈니스 모델을 상상해볼 수 있게 된다.

이 책에 실린 다양한 시나리오를 다시 한번 정리하면서 자신만의 논리적이고 확률적인 미래를 생각해보길 권한다. 미래 예측 능력 또는 미래 시나리오 구상 능력은 신출귀몰한 재주가 아니다. 특별한 사람, 천재들의 전유물도 아니다. 사람은 누구나 오늘, 내일, 다음 주 등 아직 오지 않은 시간의 일을 예측하면서 살아간다. 당신도 나와 같은 예측 잠재력을 가지고 있다. 뇌신경공학으로 설명하자면, 인간은 뇌의 다양한 영역에서 수집하고 저장해놓은 정보·지식·경험을 종합하여 전전두엽에서 논리적·확률적 판단을 한다. 당신도 인생 계획, 노후 준비, 자녀의 미래 등에 대해서 한 번쯤은 생각해봤을 것이다. 이런 행위 자체가 미래 예측이고 시나리오 구상이다. 나와 당신의 차이가 있다면, 그런 능력을 정치·경제·사회·산업 그리고 암호화폐의 미래와 디지털화폐의 미래까지 확대 적용해봤느냐 하는 것이다.

이 책을 계기로 당신의 뇌 안에 이미 존재하는 놀라운 예측 능력과 통찰력이 싹을 틔워 더 넓은 시야를 갖게 되기를 바란다. 물론 당신의 개인적인 미래 예측도 100% 맞진 않을 것이다. 하지만 실망하지 마시라. 미래를 100% 확률로 맞힐 수 있는 사람은 세상에 없다. 예측이 맞아떨어지지 않았다고 해서 쓸모없는 행동이었다고 비하하지도 마시라. 오차가 있더라도, 미래를 생각해본다는 그 자체가 오늘 더 좋은 의사결정을 하는 데 도움을 준다. 그것만으로도 충분하지 않은가? 오늘 좀더 나은 의사결정을 한 만큼 더 나은 미래가 만들어진다. 이 책을 읽고 나서 어제보다 더 좋은 의사결정을 한다면, 그것이 결과적으로 더 나은 미래를 만들 것이다.

1) 〈조선일보〉, 2021.10.27, 조아라, "美규제당국, 은행들 가상자산 사업 진출 방안 모색"

2) 네이버 지식백과, '네트워크 효과',
   https://terms.naver.com/entry.naver?docId=1226675&cid=40942&category
   Id=31812

3) 〈동아사이언스〉, 2020.8.9, 조승한, "거품 터지는 현상 설명하는 새 이론"

4) 〈프레시안〉, 2013.5.21, 박홍수, "대처 흉내 내는 국토부, 스티븐슨에게 배워라"

5) CCTV 다큐 제작팀, 어유영 옮김, 《기업의 시대》, 다산북스, 2014

6) 토니 세바, 박영숙 옮김, 《에너지 혁명 2030》, 교보문고, 2015

7) 리바운드 효과: 리바운드 효과는 경기 대침체 후 작동되는 경제 리바운드 패턴을 일반화
   하여 붙인 이름이다. 세부적으로 1개월 리바운드, 1분기 리바운드, 1년 리바운드 법칙으로
   구분한다. 1개월 리바운드는 경기 대침체 최저점에서 대략 1~2개월 이내에 일어나는 기
   술적 경제 반등이다. 이 시점의 반등을 기저 효과라고도 부른다. 경기 대침체 이후 실물경
   제가 본격적인 반등 시점으로 들어서는 첫 번째 달이 가장 큰 반등 폭을 기록한다. 하지만
   리바운드가 시작되는 첫 번째 달 이후에 경제 확장은 계속된다. 그래서 반등이 시작되고
   2~3개월 동안 누적 상승률이 최고치를 기록하게 된다. 이것이 두 번째 리바운드인 1분기
   리바운드 법칙이다. 1년 리바운드 법칙은 경기 대침체가 일어나고 난 후, 다음 해(혹은 1
   개월 반등이 연초에 시작되면 해당연도 1년)에 연간 기준 경제성장률이 높게 나오는 현상
   이다

8) 〈매일경제〉, 2021.4.29, 박용범, "빠른 백신보급에…美실업수당 청구 1년새 최저"

9) 〈조선일보〉, 2021.4.6, 이기훈, "1억명 접종, 4400조원 투하…양날개로 다시 날아오르는
   미국"

10) 〈헤럴드경제〉, 2021.5.18, 홍성원, "미 연준 '인플레 시각' 옹호-비판…둘로 나뉜 석학들"

11)〈이데일리〉, 2021.5.21, 김정남, "내년 중순 미국 금리 인상 가능성 대비해야"

12)〈한국경제〉, 2021.5.18, 김리안, "커지는 인플레이션 공포…불안해하지 말라"

13)〈이데일리〉, 2021.5.10, 방성훈, "모든 제품 가격 다 올랐다. 미국 인플레 현실화 우려"

14)CNBC, 2021.6.16, Eric Rosenbaum, "Why dow, S&P may not stay worried about Fed's new inflation fear"

15)KBS1, 2015 특별기획, 〈바다의 제국〉, "1부: 욕망의 바다, 대항해 시대의 시작을 알린 향신료"

16)위키피디아, 포르투갈의 역사

17)KBS1, 2015 특별기획, 〈바다의 제국〉, "2부: 부의 빅뱅, 설탕이 가져온 대혁명"

18)KBS1, 2015 특별기획, 바다의 제국(Empire of the Sea) 4부: 거대한 역전: 차와 아편이 만들어낸 새로운 세계 질서

19)KBS1, 2015 특별기획, 바다의 제국(Empire of the Sea) 3부: 뒤바뀐 운명, 대영제국 산업혁명을 이끈 면직공업

20)EBR 비즈니스 리뷰 114회, 2020.12.8, 윤재웅, "미국 사과를 무릎 꿇린 중국의 이것"

21)〈조선일보〉, 2020.4.6, 이벌찬, "중국 내부서 터져 나온 경고 '노동자 2억명이 실업자 될 것'"

22)〈중앙일보〉, 2020.4.8, 장윤미, "'돈으로 안정을 산다' 시위 급증에 대처하는 중국식 해법"

23)KBS1, 〈글로벌 다큐멘터리〉, "네트워크가 지배하는 세상"

24)〈한국경제〉, 2020.4.20, 강경민, "코로나 평계로 안면인식 추적까지…'21세기 빅브러더'의 등장"; 〈머니투데이〉, 2020.4.20, 박수현, "'감시강화, 이동통제'…코로나19 틈탄 민주주의 위기"

25)https://namu.wiki/w/세컨드%20라이프

26) 에릭 슈미트, 제러드 코언, 이진원 옮김, 《새로운 디지털 시대》, 알키, 2013

27) 에릭 슈미트, 제러드 코언, 이진원 옮김, 《새로운 디지털 시대》, 알키, 2013, p. 41

28) 에릭 슈미트, 제러드 코언, 이진원 옮김, 《새로운 디지털 시대》, 알키, 2013, p. 37

29) 레이 커즈와일, 김명남·장시형 옮김, 《특이점이 온다》, 김영사, 2007, p. 41

30) 돈 탭스콧·알렉스 탭스콧, 박지훈 옮김, 《블록체인혁명》, 을유문화사, 2017, pp. 24~25

31) https://nakamotoinstitute.org/the-god-protocols/

32) 돈 탭스콧·알렉스 탭스콧, 박지훈 옮김, 《블록체인혁명》, 을유문화사, 2017, pp. 25~26

33) 돈 탭스콧·알렉스 탭스콧, 박지훈 옮김, 《블록체인혁명》, 을유문화사, 2017, p. 29

34) 돈 탭스콧·알렉스 탭스콧, 박지훈 옮김, 《블록체인혁명》, 을유문화사, 2017, p. 463

35) 〈한국경제〉, 2021.10.17, 김현석, "애스워스 다모다란 '좋은 기업 비싸게 사지 마라…덜 좋은 기업 싸게 사는 게 투자 기본'"

36) SBS, 2021.8.30, 김용철, "0.3센트에서 6만 달러까지…비트코인 랠리는 계속될까?"

37) 〈파이낸셜뉴스〉, 2021.11.23, 이설영, "백신패스·금융·게임…블록체인 생활 속으로 '성큼 성큼'"

암호화폐 넥스트 시나리오

초판 1쇄 발행 · 2022년 3월 10일
초판 2쇄 발행 · 2022년 5월 13일

지은이 · 최윤식
발행인 · 이종원
발행처 · (주)도서출판 길벗
브랜드 · 더퀘스트
주소 · 서울시 마포구 월드컵로 10길 56 (서교동)
대표전화 · 02) 332-0931 | **팩스** · 02) 322-0586
출판사 등록일 · 1990년 12월 24일
홈페이지 · www.gilbut.co.kr | **이메일** · gilbut@gilbut.co.kr

책임편집 · 송은경(eun3850@gilbut.co.kr), 유예진, 정아영, 오수영 | **제작** · 이준호, 손일순, 이진혁
영업마케팅 · 정경원, 최명주, 김도현 | **웹마케팅** · 김진영, 장세진 | **영업관리** · 김명자
| **독자지원** · 윤정아

본문디자인 · 김효정 | **교정교열** · 공순례 | **CTP 출력 및 인쇄** · 예림인쇄 | **제본** · 예림바인딩

ISBN 979-11-6521-889-8 03320
(길벗 도서번호 090190)

정가 : 17,500원

독자의 1초를 아껴주는 정성 길벗출판사

길벗 | IT실용서, IT/일반 수험서, IT전문서, 경제실용서, 취미실용서, 건강실용서, 자녀교육서
더퀘스트 | 인문교양서, 비즈니스서
길벗이지톡 | 어학단행본, 어학수험서
길벗스쿨 | 국어학습서, 수학학습서, 유아학습서, 어학학습서, 어린이교양서, 교과서